Auflage: 2.137

Erscheinungsdatum: 3.3.07

Preis: 17,90 €

ELAZAR BENYOËTZ

DIE ESELIN BILEAMS UND KOHELETS HUND

Carl Hanser Verlag

ISBN 978-3-446-20829-2
Alle Rechte vorbehalten
© Carl Hanser Verlag, München 2007
Satz: Filmsatz Schröter, München
Druck und Bindung: Ebner & Spiegel, Ulm
Printed in Germany

ENTWEGT

Jemand trat in die Zelle eines Derwisches und fragte ihn:
»Warum sitzest du so allein?« der Derwisch antwortete:
»Jetzt, wo du eintrittst, bin ich freilich allein,
denn du trennst mich von Gott.«

»Ich ging an meinem Leben vorbei,
und es gefiel mir.«
Lazarus Trost

»Ein Mann, der der Welt entsagt,
bringt sich in die Lage, sie zu begreifen.«
Paul Valéry

Wenn die Zeit gekommen ist,
hat alles seine Stunde

Die Glocke schlägt die Stunde tot

An seinem letzten Zweifel
bleibt der Glaube hängen

Es wird von allem hier
die Sprache sein,
von wenigem nur die Rede

»Wir sind der letzte Ton, den Gott von sich gibt«
Kosal Vanít

Ursprung ist kein Ausgangspunkt

»So redete Mosche in die Ohren
aller Versammlung Jisraels
die Rede dieses Gesangs,
bis sie ganz war.«
Reden 31,30

Auf dem Gipfel
seines Lebens,
vor der Vollendung
seines Werks,
faßt Moses sie beide
in einem Wort
zusammen:

שירה
Schirah:
Rede und Gesang,
Lied und Gesicht:
dies- und jenseitsdicht

Nicht alles ist Dichtung, und Dichtung ist nicht die Wahrheit, aber sie ist das, was wir von der Wahrheit haben und von ihr zu berichten wissen

Anders als der Prophet, weiß der Dichter nicht, was er spricht, doch wie dieser sieht er das Ausgesprochene

»Es genügt nicht, ein Prophet zu sein, um die Propheten richtig zu verstehen« Julius Wellhausen

Nachdem er die ihm angebotene Professur der »Dichtkunst« abgelehnt sowie Berufungen nach Erlangen, Jena und später auch nach Halle ausgeschlagen hatte, erhielt Immanuel Kant 1770 ein Ordinariat für Logik und Metaphysik

»… wir wollen nicht mehr bloß das Poetische hören, also im Grunde nicht bloß das Lob der Schöpfung« Otto Flake

*Was für den Menschen spricht,
ist einzig seine Rede*

Der Schöpfer macht sich klein und tritt in Sicht. Denn nun geht's ums Kleinste

Im Wort wird Gott in den Himmel gejubelt, als Wort tröpfelt er zur Erde, versickert mehr und mehr. Der Dichter spricht:

>»Es riecht nach Regen,
>unter meinem Mantel
>lechzt die Erde nach Dir.«
>Paul Koppel

Der Einzige, den wir anrufen, ohne daß wir seinen Namen auszusprechen vermögen, reimt sich nicht und darf nicht auf den Reim gebracht werden. An dem Versuch, Gott auf den Reim zu bringen, scheiden sich die Geister. Kein Dichter ist begnadet genug, die Versuchung, Gott auf den Reim – auf einen Nenner – zu bringen, zu bestehen. Auch Goethe vermochte diese Mine nicht zu umgehen, geschweige denn zu entschärfen. Im *Faust II*, wo er mit viel Banalem aufräumt, strauchelt er gleich zweimal:

>»Ein Gott den andern Gott,
>Macht wohl zu Spott« –

>»Der Überwundne fiel, zu stets erneutem Spott,
>Der Sieger, wie er prangt, preist den gewognen Gott
>Und alles stimmt mit ein ...«

Das wird sich nie lohnen. Gott darf nicht gereimt werden

Die Ewigkeit ist nur ewig
Auf seinen Tod sich vorbereitend, denkt Moses an seinen Nachfolger und läßt Josua kommen. »Es ist Zeit«, sagt er zu ihm, »Zweifel, die du bei dir hegst, zu schlichten; sprich

sie aus; stelle deine Fragen, denn morgen bin ich hinfällig.«
»Wie kannst du nur denken«, sagt Josua, »ich hätte Zweifel und wüßte nicht Bescheid, heißt es doch von mir ›und Josua ist ein Jünger, der nicht vom Zelte weicht‹ (Namen 33,11). Im Zelt wurde viel gefragt, im Zelt hast du viel geantwortet, und ich war im Zelt zugegen, so habe ich mir auch alles gemerkt.«
Im Nu erblindeten die glasklaren Gedanken Mosis, durch die er weit hindurchsehen konnte, und die ihn zum Seher machten. Alle seine Worte waren in der Wüste gefallen, die Wüste war jetzt zu Ende, sein Redefluß ausgetrocknet. Da stand er, wie einst vor dem Dornbusch und auch lange vorher, ein Mann schwerer Lippe. Der Tag, auf den er sich lange vorbereitet hatte, war vertan und verloren. An diesem, so wird uns erzählt, entfielen seinem Gedächtnis dreihundert zukunftsträchtige Weisungen.
Auf so viele Fragen stellte er sich ein, so viele Antworten wollte er noch geben. Aber sein Jünger hatte keine Fragen. Diese mußten nun lange und langsam nachgeboren werden

Jona, der Prophet, wird gefragt:
»Was ist dein Gewerbe,
und wo kommst du her?
Aus welchem Lande bist du
und von welchem Volk?«
Er antwortet: »Ich bin ein Hebräer
und fürchte den Herrn?« –
und lenkt von der ersten Frage ab.
Was sollte er als Gewerbe auch angeben?

Aber auch Überhörtes kommt zu Wort,
und hören wir gut zu, war von uns die Rede

Der Mensch geht immer weiter auf sich zu
Man kann die Welt erforschen und dabei die Schöpfung aus den Augen verlieren, man kann nicht eine Wissenschaft vom Menschen betreiben, ohne auf den Schöpfer zurückkommen zu müssen

Das Bild vom Menschen kann die Vorstellung von Gott nicht einholen

Im Anfang war das Wort,
und alles, außer Tier und Mensch,
ging aus dem Wort hervor

Anfänge sind wörtlich zu nehmen,
nicht wörtlich zu haben

Adam war nicht worthin ins Dasein gerufen, er könnte überlegen sein und mußte gut überlegt werden.
Das Licht, das Grün, das Wachstum – alles ging hauchhin vor sich, gedanklich unbeschwert, und so war es gut und sehr gut.
Der einzige, der, nicht für sich allein, der Gärtner werden sollte, machte zu schaffen, noch ehe er erschaffen wurde, denn mit ihm hätte Gott seinen Odem teilen müssen. Ein Wort allein, ein Ruf ins Dasein täten es nicht.

So wurde er beraten, beschlossen, geknetet, begeistet, aufgerichtet und abgesegnet. Vollkommen wie die Ahnung seines Schöpfers, bedurfte er doch einer Ergänzung, um seine Endlichkeit erlangen und kosten zu können.
Ist man allein, denkt man wie Gott.
Als er aus seinem Tiefschlaf erwachte, kam ihm sein Traum entgegen, leiblich, weiblich und lieblich: das andere Ende, das er nun nehmen konnte und gleich in die Arme.
Mit seinem Odem teilte sich Gott Adam mit, teilte mit ihm seine Macht, den Gedanken. Er wollte verstanden sein und also den Menschen ihm ähnlich wissen, im Wissen ähnlich, zerstörend, erbauend und ewig seine Werke und sich überlebend.
Gott gab das Vermögen dem Menschen, das Gelingen behielt er für sich, die Allmacht: weit weg vom Ganzen der Sprache, in Worte nimmer zerfallend.
Weil der Mensch nun aber nicht aus dem Wort gekommen war und sich seiner selbst nicht sicher sein konnte, trachtete er bei sich, die Sprache zu beherrschen.
Adams Beschäftigung war es tatsächlich, alles, was nackt und bloß in der Schöpfung herumlag oder umherirrte, mit Namen zu belegen, zu beseelen, wortfest zu machen. Und alles das im Angesicht Gottes, doch nicht in Gottes Namen.
Alle Taten und Werke stehen seitdem im Dienst des Namens, alles, was sich ausdehnt und einprägt.
Herrscher der Sprache geworden, konnte sich der Mensch als Schöpfer aus dem Nichts betrachten und begreifen. Alles, was er sprach, hatte seine Wirkung und blieb nicht ohne Folgen

> Zwischen Ding und Wort gefangen,
> kann man sich nur herausreden

Auf der ersten Seite stellt man sich vor,
mit dem ersten Satz ist schon alles geschehen;
dem ersten Satz geht das ganze Buch voraus

Auch der Schöpfung gingen Welten voraus, und dem Wort, das im Anfang war, eine ganze Sprache, für die es kein Gehör gegeben hat.
Ursprung ist der ausgedachte Anfang. Auch für einen Ur*knall* muß es ein Gehör gegeben haben. Stimmigkeit ist immer gehörig. Es muß stimmen, was wahr werden soll, nicht, weil das Wort im Anfang war, sondern weil Gott gesprochen hat.
Das Wort ist schon die Vollendung einer Sprache. Im Anfang war das Wort und kein Anfang

»Bereschit bara AElohim« – Gott kommt nach seiner Schöpfung, das Alef gehört nicht an den Anfang.
Über den Sinn der Sprache entscheidet der Satz, nicht das Wort.
Mit einem Satz ist das Wort festgelegt.
Der Anfang wird unterschlagen, das Alef erscheint mit Gott an dritter Stelle.
Im ersten Wort – בראשית – ist es allerdings sichtbar und stimmlos enthalten.
Angerufen wird AElohim, an ihm macht sich das Alef fest. An ihm und nicht am Anfang. Anfang ist, wo wir beginnen; beim B (Bet) von Bereschit, da beginnt's

Wir können alles wissen, doch nicht von Anfang an. Das ist die Lehre von der Schöpfung, vom ausbleibenden Anfang

Ich beginne mit meiner Geschichte, wo fängt sie an?
Ich setze einen Anfang, nun kann ich berichten, wie es begonnen hat.
Hat es so begonnen? Es melden sich Zweifel, die das Bild korrigieren, die Erinnerung verschieben oder erweitern wollen. Das Gedächtnis erhebt Einspruch, es will die Erinnerung an sich gebunden und begrenzt wissen.
»Meiner Meinung nach«, sprach Tschechow zu Bunin, »sollte man, wenn man eine Erzählung geschrieben hat, den Anfang und den Schluß streichen. Da schwindeln wir Belletristen am meisten.«
Der Anfang ist immer dort, wo wir beginnen; wir beginnen bei uns, nicht am Anfang. Bei uns, das ist ganz wie bei Gott, aber nicht halb so sicher. Er ließ sich Zeit mit seiner Schöpfung und sparte nicht mit seinen wenigen Worten: Es werde, es werde, es werde. Mit dem Menschen sollte es aber nicht »werden«.
Der Mensch weiß auch immer weniger, was er mit dem Wenigen gesagt haben will. Auch will er lieber nichts gesagt haben, dies aber – genau. »Wandelnd unter den Akazien, / welche man die Linden nennt ...« (Chamisso). Genau! Was soll nicht alles genau gedacht, gesprochen, gedichtet, übersetzt, erinnert worden sein. – Genau! Das Zauberwort der Entzauberten

»Wir berechnen die Zeit nach Stunden und glauben, sie sei für alle gleich. Jeder Mensch hat aber seine Zeit, und alle Zeiten sind verschieden. Zeitgenossen sind voneinander durch Jahrhunderte getrennt. Darum ist es so schwer, einander zu begegnen.« Dmitri Mereschkowski

Die getreue Wiedergabe ist eine echte Fälschung

»Auf Tiberius folgt Caligula. Historisch ist das richtig, poetisch ist das falsch.« Theodor Fontane

»Allein der Irrtum ist der Weg zur Wahrheit und der ausgesprochenste sogar der kürzeste Weg.« O. F. Gruppe

Vom ausgesprochenen Irrtum
In seinem Essay ›Von der Rache‹, schreibt Francis Bacon: »Wenn ich nicht irre, so sagt Salomo: ›Es ist der Ruhm eines Mannes, Beleidigungen nicht zu beachten.‹«
Bacon war ein genauer Forscher, er kannte auch seine Bibel und hatte Zeit, in ihr nachzuschauen. Er mußte sich *nicht irren*. Aber der Essayist haßt die »genaue Recherche«, wie der Dichter »das Ungefähre«. Er irrt sich lieber, auch wo er Bescheid weiß, und Bacon war in Salomos Sprüchen bewandert, wie auch in Caesars Apophtegmata, die es einem Briefe Ciceros nach einmal gegeben haben soll

»Wer mich festnagelt,
kreuzigt mich«,
würde Montaigne sagen

»Der Irrtum wird von der Wahrheit getragen,
auch wenn er sie entstellt.«
Carl Friedrich von Weizsäcker

Die Sprache, in der wir uns verständigen, verändert sich von Wort zu Wort, auch der Logos ist heute ein anderer. Kein Sinn hält uns fest, da uns jedes Wort etwas bedeutet oder nicht.

Ohne Sinn ist alles von Bedeutung; vielsagend ist nur das Versprechen. Was leicht über die Lippen geht, hat sein Gewicht verloren. Alles Treffliche geht nicht darüber hinaus. Das Leben ist ein langes Weil, man begründet sich

>   Sinn hat,
> was Sinn verträgt

Man kann in jeder Sprache eine Welt erobern oder für sich einnehmen, in der deutschen Sprache – was gäbe es da zu gewinnen. Auch wäre es zu billig, wollte ich über Untergang und Siegessäule triumphieren:
»Du hast Verluste zu buchen, gib nichts verloren!«
Was ich hebräisch denke, ist nur im Deutschen wahr

>   Die Lebensgeschichte
> ist der letzte Schleier,
>   den die Seele nimmt

Die Sprache korrigiert meine Begriffe von ihr
Ich komme durch den Sprachtunnel in die Zeit, die das deutsche Wort in sich birgt, weiter trägt und nicht hergibt.
Ich kann nur in Jerusalem schreiben; es ist seltsam zu denken, daß mein Deutsch auch mein Jerusalem ist.
Ich weiß nicht, was ich sagen soll, hier aber steht's

»Man muß siebzig geworden sein,
um seinen ersten Satz zu verstehen«
Schopenhauer über Kohelet,
von Ernest Renan als Motto über sein Buch gesetzt

Kohelet hat seine Sache auf sich gestellt,
sein Denken gegen sich gerichtet.
Er wollte damit nichts gewinnen;
er hatte schon einmal alles.
Er spricht von seinem Vermögen
und zählt seine Reichtümer auf.
Im Aufzählen gibt er sie verloren.
Es gibt Verluste zu buchen,
das ist der Gewinn eines Buches

Was man begehrt,
kann man nicht halten;
was man nicht halten kann,
soll man nicht billig preisen

Kohelet ist von seinem Ich überwältigt,
doch anders als seine griechischen Zeitgenossen,
deren Ich schon die Entthronung der Götter
anzeigt, anbahnt, bedeutet.
Ich auf griechisch heißt: »anstelle der Götter«,
auf hebräisch heißt es immer noch:
»im Angesicht Gottes«

Sei streng mit deinem Munde, mit deiner Sprache, zähle die Wörter in einem Satz, die Seiten in einem Buch. Alles hat es schon gegeben, es gibt von allem immer mehr. Das Mehr ist das Geringste

Satz für Satz eine Stimme erzeugen, die Wort um Wort hörsichtig wird:
>»Ich, Kohelet, bin König gewesen
über Israel
in Jerusalem«.
Höher geht's nicht, also habe ich meinen Mißerfolg redlich verdient

Was dachte sich Abraham, als er glaubte;
was glaubte Abraham, als er sich dachte

Einmal schwankt Abraham,
da ist Glaube sein Thema.
Das Aufkommen des Themas
nennt man Glaube und Gerechtigkeit,
Treue oder Bewährung:
Eine Frage bleibt offen,
sie weitet sich zu einem Tor aus

Ein ausgeführter Gedanke
ist ein verkürzter

Der Traum findet überall
nur Schlafende
und Deutende

Abraham und der Gott Abrahams
sind sich ähnlich,
wie Grund und Boden,
ohne Ursache

Ursachen müssen nicht stimmen,
doch muß es sie geben

Fragen werden laut,
Fragen kommen hoch:
Je schwerer sie wiegen,
desto höher kommen sie

Gott freut sich,
wenn Abraham glaubt,
und Abraham lacht sich in den Bart hinein,
wenn Gott sich freut.
Es geht Abraham nicht um den Glauben,
sondern um die Gerechtigkeit.
Er weiß, daß Gott Schöpfer, Gebieter
und Richter der Welt ist,
er will die Welt aber auch verteidigt wissen

Mag Gerechtigkeit sein Wille sein –
das Recht geschehe
und bleibe offenbar

Abraham glaubte auf Gott zu,
aber auch auf Kierkegaard hin.
Des Glaubens Grund sind seine Begründer

Der Satz kontrolliert das Wortfeld,
ohne es abschreiten
zu können

Den Rahmen sprengen
und im Bilde bleiben,
vermag ein Gedanke
nur mit einem Satz

Mag Gott auch das Wort sein
im Anfang und am Ende,
hinter einem Satz
steht ein ganzer Mensch

Jerusalem, 3. Juni 2005

*»Je heiliger ich verspreche zu schreiben,
desto gewisser werde ich daran verhindert.«*
Lessing an Eva König, Dresden, 23. Januar 1776

Das Buch, das ich mir versprochen habe, werde ich nicht mehr schreiben, es war zu heilig versprochen. Ein anderes wird zu meinem siebzigsten Geburtstag erscheinen.
In einem Jahr müßte es geschrieben sein, wo ich für jedes Jahr schon zwei brauche.
Auch Sorgen haben ihren Kummer.
In die Enge getrieben, allerdings auch geschlagen, fand die Eselin Bileams die Worte zur Not. Sie konnte nicht weiter, doch war's ein Engel, der ihr im Wege stand. Sie hatte einen Blick für ihn, und er machte sie reden.
Von ihr sollte ich lernen, von ihr soll nun die Rede sein – und von Kohelets Hund. Immerhin feiert er nach wie vor seine Triumphe über den toten Löwen: »Denn besser dran ist ein lebender Hund als ein toter Löwe.« Auch ein hündisches Leben ist noch ein Triumph.

Die Hunde streichen durch die Psalmen mehr als durch die Sprüche.
Je näher am Tempel, desto lauter werden auch sie.
In den Büchern Richter und Könige hört man das Bellen der höfischen Meute; mit der Königin Isabel trieben sie ein blutiges Endspiel. Hunde reizten eben auch die Phantasie des Propheten.
Kohelet macht seine täglichen Gedankengänge durch den Wald, in Begleitung seines Hundes Vanitas. Gern würde ich es mir so vorstellen, ich kann es aber nicht sehen. Tauchen bei ihm Löwe und Hund an einer zentralen Stelle auch auf, sind es doch nur kümmerliche Erinnerungen an die Herkunft seiner literarischen Gattung aus der Tierfabel.
Wohl kommen Tierfabeln auch in den Sprüchen nicht häufig vor, die Tiere ließen sich aus ihnen aber nicht wegdenken. Sie gehören zum Atmen des Geistes. Die Sprüche sind geistige Naturprodukte, an denen man schnuppern kann. Sie stehen ebenso tief in der Landschaft wie hoch im Kurs.
Und macht Kohelet auch noch Sprüche, er denkt doch aphoristisch, radikal; er hat die Welt im Blick, nicht Wald und Wiese; seine Sprache ist eine von den Tieren verlassene. Jerusalem ist noch in der Luft, aber auch schon in den Wolken.
Es gibt übrigens keinen Aphoristiker, und wäre er noch so tierscheu, in dessen Büchern kein Tier genannt würde. Die Schlange und die Gans waren lange obligat.
Kommt man auf den Hund, ist es das Letzte; öffnet eine Eselin aber ihren Mund, weil sie einen Engel sieht, dann ist sie ein geweihtes Instrument der Vorsehung.
Ihre Begabung zum Subtilen wird durch ihr eigenes Gerüst bestätigt: Die feinsten Flöten der Antike wurden aus Eselsknochen hergestellt. Die Weisen Israels wußten davon ein Lied zu singen, Plutarch aber auch.

Sucht ein Saul seine Eselinnen, findet er ein Königreich; öffnet eine Eselin den Mund, sind Prophet und Engel in der Gegend

Hier verläßt uns Bogumil Goltz

»Gebt ihm eine Pyramide,
eine Schuhschnalle,
eine Regenwolke,
einen Puterhahn,
und er wird euch aufs Haar sagen,
was der Geist dieser Dinge ist.
Nunmehr haben wir von jedem Ding
seinen Gedanken.
Wer aber verbindet uns jetzt diese Gedanken.
Hier verläßt uns Bogumil Goltz.
Er hat uns mit einer Spürkraft,
welche der unsrigen weit überlegen ist,
alles Wild der Erde zusammengejagt,
aber er schießt es nicht,
noch weniger kocht er es.«
Ferdinand Kürnberger

Einfältig ist,
was ich zu sagen habe,
vielfältig –
was ohne mich geschieht;
meine Sache ist es,
den Sprung zu wagen,
den niemand sieht

Kürze leidet unter keinem Breitengrad
Man wirft mir vor, ich würde nicht zur Sache sprechen. Der Vorwurf ist berechtigt. Ich wüßte keine Sache, zu der ich gern spräche. Auch Moses schlug lieber auf den Felsen ein, da er zum Felsen nicht sprechen mochte. Das war allerdings weit gefehlt, so weit, daß er das Gelobte Land nur von ferne sehen durfte. Ein Fels, auf den Gott hinweist, ist schon eine Sache, zu der man sprechen soll. Und Abraham war ein Fels Gottes.
Ist Abraham nun die Sache oder das Thema. Ein Thema ist doch keine Sache, und wär's eine – wessen dann? Die Sache, die ich vor Augen habe, erstreckt sich von Berg zu Berg – vom Berg Morijah zum Berge Sinai. Also mache ich einen großen Bogen um die Sache, bis sie mittendrin sitzt, auch wenn sich der Bogen nicht zum Kreis vollendet. So viel zur Methode

>Geht das Fleisch
auf das Wort zurück,
wird es wieder Sprache,
Widersprache

»Jeder Mensch hat seine Metaphysik, die das Gedicht seines inneren Lebens ist. Dessen Dichter soll er werden. Und wenn sie nicht Dichter sind, wozu wenden sich denn die Philosophen überhaupt an uns?«
André Suarès

Die Sprache läßt uns nicht mehr wissen,
als wir glauben können

.

*Ein Dichter läßt sich gehen,
man wird ihn fahren lassen*

Mit dem Anfang gibt es Beginnen,
mit dem Ende endet nichts,
das wir wüßten

Einmal muß man auch sich
gehen lassen;
und ehe man eingeht,
muß man auf Gott
eingegangen sein

Mit ähnlichen Gedanken
hat Abraham vielleicht
seinen Anlauf genommen.
Und Gott versuchte Abraham

Das Aufschlußreiche
an der Geschichte der Akedah
ist das nichts offenbarende
Weitergehen,
ist der Dreitageweg.
Mit der eingeschärften Sicht
war die Unerschöpflichkeit der Rede
besiegelt.
Auf dem ebenso langen Rückweg
vom Berg Morijah
gab es keine Worte mehr,
die man fallenlassen konnte.
Auch das Schweigen
war ein Verweis,

denn nunmehr wies alles auf Gott.
Das eben heißt Morijah

»Dreißig Jahre lang lebt er von einer Silbe –
weniger kann auch eine Sphinx nicht tun.«
Ferdinand Kürnberger

Die Lehre geht von Hand zu Hand, die Überlieferung von Mund zu Mund; die Lehre ist handfest, die Überlieferung festlich: Sie mundet und mündet nicht

Nathan Adler, Rabbiner und Kabbalist in Frankfurt a. M., war nicht in der Lage, etwas zu vergessen, so hatte er auch kein Bedürfnis, etwas aufzuschreiben. Er blieb im Leben unantastbar, in der Erinnerung makellos, ein unbeschriebenes Blatt. Seine Schüler, die alles von ihm hatten, hatten auch ein Leben lang daran zu schreiben. Federführend machten sie sich einen Namen. Wenn einer gesprochen haben soll, muß ein anderer schreiben. Was dann geschrieben steht, spricht nur für sich.
Es hat seinen Reiz, wenn man keine Schriften hinterläßt. Zwar hat man nichts vorzuweisen, dafür heißt man Sokrates, Jesus, Jizchak Luria, Israel Baal-Schem-Tow, der Kozker Rebbe oder Nathan Adler. Es ist keine verlorene Sache, wenn man seine Verluste nicht gebucht hat.
Am Ende wissen wir doch, wer die Großen sind, die keine Silbe geschrieben haben

> »Nie gehörte Namen
> fliehen vorbei,
> Und im Ohr ein Lied
> vom Wiesengrund ...«
> Hans Ehrenbaum-Degele

Es sieht so aus, als wäre es anders zu sehen
Jona will seinen Auftrag nicht ausführen, er mag Ninive nicht bekehrt sehen; er ergreift die Flucht, steht große Abenteuer durch, strandet elend am Zielort, richtet sich auf, betritt die Stadt und läßt, ohne Lust, sein dürres Wort fallen. Das Wort macht Eindruck und verfehlt seine Wirkung nicht, das Volk – sein König voran – tut Buße; Ninive wendet sich vom Übel ab, läßt Gerechtigkeit walten und ist gerettet.
Der freie Wille ist groß und heilig, wenn man weiß, wessen Wille geschieht. Immerhin hat Jona die Kühnheit gehabt, aus seinem Glauben das Unglaubliche zu wagen.
Ein Prophet auf der Flucht vor Gott und vor der eigenen Berufung, das hatte es noch nicht gegeben, das prägte sich ein und sprach sich weit herum, bis daraus ein Buch geworden ist, das den Namen des gedemütigten Propheten trägt – als wär's der eines stolzen Autors. Das kennzeichnet dieses Buch als literarisches Werk in einem nicht biblischen Sinn. Es ist nicht allein der Fisch-Reisende, der das Buch attraktiv macht und uns so verwunderlich nah bringt.
Das Buch erzählt vom einen und spricht vom anderen

Die Bibel will, daß wir die Geschichte mit den Augen Gottes sehen
Die biblischen Bücher, an deren Anfang der Verlust steht

und die ihren Geist aus dem Buchen des Verlustes schöpfen, sind Krisenbücher. Sie ringen um einen neuen Ausdruck für die sich wandelnde Beziehung zu Gott: Hiob, Jona, Kohelet.
Alle drei haben Verluste zu buchen, dadurch kommen sie auf den Gedanken und gewinnen ihren Ausdruck. Nicht leicht, nicht billig; diese Sprache ist weder zu finden noch zu haben, sie wird dem Gegenüber abgetrotzt oder an sich gerissen. Das Gegenüber ist Gott, und Gott gegenüber verliert man seinen Stand. Glaubt man sich aber im Gegensatz, bricht das neue Denken aus

Er hat es gewagt, dem Wort Gottes sein Mundwerk zu entziehen
Der Prophet hatte mehr und mehr die Vorstellung gewonnen, sein Anteil an der Prophetie sei groß, sie hänge von ihm ab, er verleihe ihr das Beste – die Dichtung zur Wahrheit.
Bileam führt nicht allein sein Mundwerk und seinen Ruf mit sich, er platzt auch mit seinem dicken, fetten Ich in die von Erwartungen geschwollene Atmosphäre hinein, baut sich gegen Gott auf, läßt Altäre aufrichten, Ochsen schlachten, reißt seinen Mund gewaltig auf, macht Sprüche zu seinem eigenen Lob und rollt die Augen.
Gern würde er König und Volk imponieren, doch kann er dem wahren Auftraggeber nicht ausweichen, immer wieder versucht er, sich Gott von neuem einzubilden, und während er auf den Eingebildeten hofft – laufen die Segnungen Israels in seinem Mund wie das Wasser zusammen. Es blaut und grünt in seiner Rede, auf seine Augen legt sich der Sand.
Ein Meister des Wortes, ein Vollender der Sprache, aber nicht Herr im eigenen Munde

Ähnlichkeiten sind befremdlich
Jona wie Bileam glauben, sie wären in der Lage, sich die Lage zu überlegen, sich so oder anders zu besinnen. Sie werden gezwungen, den lästigen Auftrag pünktlich und Punkt für Punkt auszuführen.
Sie haben sich Kühnes angemaßt und Großartiges eingeredet, doch haben sie nichts zu sagen. Bileam kann nur das aussprechen, was Gott in seinen Mund legt; Jona bekommt einen einzigen, dürren Satz zu sprechen, den jede Hausmagd genausogut hätte aussprechen können. Am dürrsten Satz erfüllt sich die prophetische Botschaft, und sie würde sich auch am Nichtssagenden erfüllen. Doch das war neu und wurde in den Schulen der Propheten nicht gelehrt

> Was wir sagen, hat immer Bedeutung,
> das Sinnlose ist im Tun und Lassen

Es klingt nach Psalm und riecht nach Fisch
Bileam und Jona – jeder von ihnen und ihre Lächerlichkeit; Bileam im vertraulichen Gespräch mit seiner Eselin, Jona mit dem schilfbedeckten Haupt im Anrufen Gottes aus dem Bauch des Fisches

Der Humanist Mutianus Rufus meinte: »Der Walfisch sei ein Bad mit einem solchen Schilde, der Kürbis aber ein Badehut gewesen.« »Das ist lächerlich«, setzte er selbst hinzu

Die Beglaubigung des fallengelassenen Worts
Das Buch Jona ist eine Rache Gottes an seinem Propheten von Anfang bis zum Ende.

Zerschmettert von Gottes gewaltiger Straf- und Schlußrede, bleibt Jona unter glühender Sonne liegen. Das ist das letzte, unauslöschliche Bild.
Das also war die Krise, aus der Jona seinen großartigen Umweg in die Literatur genommen hat

»Durch Werner Milch erfuhr ich, wie sehr [Rudolf Alexander] Schröder und ich uns doch in der Theologenschaft gerade mit ›dichterischen Anregungen‹ für die Exegese auswirken. Und das greift tief: denn uns ist ja Dichtung Bibelauslegung.« Jochen Klepper

Am gerahmten Bild arbeitet man nicht weiter, man läßt es hängen. Das Bild ist endgültig; endlos wird es durch Interpretation

Ich höre die Stimme meiner Jugend sprechen
Es steht dir ein einziger Satz für jeden Gedanken zur Verfügung, und wenn du ihn auch noch so lange verfolgen mußt. Er wird in Büchern seine Zuflucht nehmen, aber nur in einem einzigen Satz ein- und aufgehen.
Es bleibt allein der Satz, wenn auch Wort genannt, und von den Büchern nur der Titel. Sätze muß man zitieren, auf Bücher kann man verweisen. Es ist nicht gut zu denken, sagte die Stimme meiner Jugend, aber du bleibst bei dir: nicht durchwegs heiter, denn du hast weniger Gedanken als du denkst; und wenn du am Abend die Sätze zählst, wirst du deine Armut einsehen müssen und erkennen, wie mühsam es doch ist, allein vom Fleck zu kommen oder einen Gedanken auf den Punkt zu bringen. Auch ist dieser Punkt zu oft ein Strich durch die Rechnung.
Ich sagte: Es ist allerdings ein schwacher Lohn, meinen Ge-

danken auf nur einen Punkt gebracht zu haben, und doch ist es nicht wenig, da der Punkt nicht mehr zu sehen war

Auch Menschen haben ihr Erscheinungsjahr
»… bin ich doch«, sagte Rabbi Elazar ben Azarja, »wie ein Siebzigjähriger und habe es nicht durchsetzen können …«
So steht es in der ›Hagadah schel Pessach, mit Erläuterungen von Dr. M. Lehmann‹, die mir schon als Kind vorgesetzt wurde. An dieser Stelle blieb ich immer hängen.
Rabbi Elazar war von hohem Adel und Wissen, von großem Reichtum und Charme. »Nicht ist das Geschlecht verwaist, in dessen Mitte Elazar, der Sohn Azarjas, weilt«, hieß es von ihm. Von allen geschätzt und geliebt, hatte er doch einen Fehler: Er war zu jung.
Im Talmud wird erzählt, daß er erst achtzehn Jahre alt war, als er zum Fürsten erwählt wurde, daß aber an demselben Tag sein Haar ergraute, so daß er das Aussehen eines alten Mannes hatte. Das war zur würdevollen Ausübung seines hohen Amtes notwendig.
Darum sagte er: »bin ich doch *wie* ein Siebzigjähriger«.
Daß man für seine Gedanken ein entsprechendes Alter haben muß, daß man wie seine Gedanken aussehen soll, wenn man zu Ansehen gelangen will, ja daß es sich lohnte, dafür über Nacht zu ergrauen, das ging dem Kind, das ich war, beunruhigend nah.
Nun ist Elazar ben Azarja immer noch, wie er im Buche steht und altersfrisch zu uns aus den »Sprüchen der Väter« spricht, ich aber bin nicht mehr »*wie* siebzig«.

Jerusalem, 17. Siwan 5766 / 13. Juni 2006

VORSEHUNG

Was im Buche steht,
bringst du lesend zu Fall

Wie es im Buche steht,
so steht es in keinem Buch
Sahadutha

»Schau dich um und sieh dich vor,
ehe du nicht mehr zu sehen bist.«
Lazarus Trost

Deinen Erlöser kannst du nicht bestimmen,
aber herbeiführen

Daß du bist, ist seine Sache,
nicht, daß du glaubst

»Deine Worte wiegen schwer,
wie willst du sie gewogen haben«
Kosal Vanít

Gesetzt, es wäre;
angenommen, es wäre nicht

Vor sich gehend, kommt es in Betracht

Kommentare halten den Text auf

So schreiben, daß man dächte,
es könnte mich gegeben haben

Das dunkle Buch,
auf seinen Wald zurückgeblättert

»Wunder untergegangener Übung, die in Höhlen
auf die Wiedergeburt von Franz Marc warteten.«
Oscar Bie

Bilder aufscheuchen;
jedes Ding auf sich beruhen lassen;
nicht zur Sache sprechen.
Das sollte gehen

Komme ich zur Sache, bin ich sie nicht gewesen

»Durch mein Dasein bin ich nicht mehr als
eine leere Stelle,
ein Umriß, der aus dem Sein überhaupt ausgespart ist.
Damit aber ist die Pflicht und Aufgabe gegeben,
diese leere Stelle auszufüllen.
Das ist mein Leben.«
Georg Simmel

Sein – in Erwartung

Bis in die Wortwurzel hinein verlegen; verbindlich bis dort
hinaus; des Wartens satt, der Erwartung voll

Der vom Glauben versetzte Berg
wird nicht mehr bestiegen

»… laß mich erkennen das Walten deiner Hand in meinem
Mißlingen«   Rabindranath Tagore

Die Ideen machen unsere Scheinbarkeit aus

Das Mögliche liegt nicht vor, es geht voraus

Wir machen immer möglich und nie das Mögliche

Aus dem Spiel gehen die Regeln hervor

Ohne Einsatz keine Spur

Das gemeinte Leben, das gemeine

Das Gedachte ist für sich

Übersinnliches, eingefleischt

Eingeklammert ist so gut wie ausgeschlossen

Worte wollen zur Sprache kommen
und nehmen durch uns ihren Weg

Sprachlos mitten in der Wörterfülle

Mein Wort ergreift den Satz wie die Zukunft

Sprachfelder, Brachfelder

Wie kommt es, daß ich meine Worte noch ernst,
so magisch ernst nehmen mag

Das Wort tritt seinen Sinn wie eine Reise an

Verheißen – sich versprechen

Man kann noch so geistreich sein,
kommt man auf den Gedanken,
war es ein einziger

Schwere Gedanken bedürfen eines Urhebers

Kein Gedanke, der nicht mit seiner Fragwürdigkeit
verwachsen wäre

Meine Nichtigkeit ist überheblich,
meine Wenigkeit wird immer mehr

Das Nein ist die Macht, das Ja die große Leistung

Man weiß nie, wie heilsam oder gefährlich die eigenen
Worte sind. Es gibt in jedem Werk ein Wort, das Gott dem

Schreiber in den Mund gelegt oder im Schlaf gegeben hat.
Es ist das Schlüsselwort zu einer nicht ins Schloß fallenden
Tür

>Gott lenkt mich auf den Gedanken hin,
in dem ich heute aufgehen soll und in den
ich morgen eingehen werde

»Kein Weihrauch kann aus irdischen Steinen
heilige machen;
das kann nur unser Gedanke.«
Heymann Steinthal

Schweigen – das unerhört Vernehmliche der Sprache

Schweigen empfängt das gesprochene Wort,
schweigend wird es entlassen

Das Schweigen öffnet uns die Ohren
für alles in die Leere Gesprochene

Ich spreche von Gott, weil ich glaube, es tun zu können,
aber warum glaube ich das, und was hat dies
mit dem Glauben zu tun.
Mein Glaube hat mit mir zu tun und nicht mit Gott.
Warum spreche ich dann von Gott und nicht von mir.
Was sagte ich aber, spräche ich von meinem Glauben
oder von mir

Es gibt ihn ohne Sein, er hat ja unser Leben

»Und kein Mensch steige mit dir hinauf, kein Mensch
werde auch nur gesehen auf dem ganzen Berge«
Exodus 34,3

Das Wort, gegeben, ist mehr Gegebenheit als Wort

Suchst du die Weite, findest du alles zu eng

Schränke nicht ein, schließe nicht aus, setze nicht in
Klammern. Was immer du feststellst, es bleibt doch nicht
stehen. Setze nichts voraus, setze dich ein, und schau,
daß du nach Hause kommst, wenn du
gesprochen hast

»Noch ein anderer Wink, den ich sehr probat gefunden habe; nämlich: Bei Diskussionen soll man nicht alle Bemerkungen, die einem gut vorkommen, sofort gelten lassen. Die meisten Menschen sind reich an fremdem Geistesgut. Nun kann es vorkommen, daß ein solcher ein schönes Zitat, einen guten Spruch, eine passende Replik vorbringt, ohne deren Tragweite zu kennen. Man besitzt nicht alles, was man entlehnt. Das könnte man vielleicht mit mir als Exempel belegen! So richtig und schön die Bemerkung gewesen sein mag, man darf nicht sofort die Segel vor ihr streichen.«
Michel de Montaigne

Auch das Abseits hat seine Peripherie

Auch am Kostbaren ist nur das Billige zu haben

Auch Versagen nimmt den Mund voll

»Das Wunschbild sieht immer nur eine Ecke –
›ein günstiges Fragment‹ der Dinge.
Wer alles sieht, wünscht nichts und zieht vor,
sich nicht zu rühren.«
Paul Valéry

Darüber hinaus, das ist auch an uns vorbei

Ist man der eine, ist man auch der andere, also jemand

»Ich bin ein Jude, das heißt schon:
Ich habe nichts zu tun mit der Landschaft,
auf deren Boden ich zufällig stehe.
Wo ich erscheine, dort flieht der genius loci.«
Erwin Reisner

Die Zeit schafft Raum, wir machen Platz

»Menschen, lecket die Zeit hinweg,
wie die Sonne den Frühtau.«
Ludwig Theobul Kosegarten

Ich kenne das Leben, ich wohnte nebenan,
meine Frau und ich liebten es hinüberzuschauen.
Ich weiß Bescheid und nicht von ungefähr

Meine Vergänglichkeit hält die Zukunft
auf dem laufenden

Wie soll es ohne mich weitergehen,
ich kann nicht ohne mich.
Das spricht sich bald herum

Nachdenklich komme ich auf meine Kosten

Nachdrücklich, eindringlich schreibe ich in die alten
Bücher meine Glossen hinein, als wäre ich darum
vor Zeiten gebeten worden.
Die Schreiber, die Drucker machten ihre Fehler wie ich;
durch Fehler verbunden, bleiben wir Zeitgenossen.
Und haben wir einander auch nur wenig zu sagen,
es bleibt zu korrigieren genug

Ich kann nicht umhin, was also kann ich

Was ich vorwegnehme, kann ich nicht
vorausgesehen haben

Ich sehe einen Doppelmond,
er war gestern noch nicht zu sehen

Die Zeiten und die Fälle wiegen einander auf

Das Heute taucht verständnislos im Morgen wieder auf,
doch gab es auch wieder Erwachen, Erhoffen,
Ernüchtern

Sagt man, was man denkt, gerät man außer sich;
sagt man, was man weiß, wird man um so weniger

Erfolglosigkeit ist kein Plan, aber ein Aufbauprinzip

Meine Gedanken fallen nicht mehr leicht von mir ab

Ich wüßte gern, warum ich Gedanken umkreise,
und ob ich es merke, wenn sie tot sind

Es gibt Grablegungen, die im Denken stattfinden

Wer sich nicht übertreffen kann, muß immer wieder
auf sich zurückkommen

Das Sagen hat, wer zu bestimmen weiß.
Gott hat das erste Wort, das letzte der Dichter

Dreifel kommt aus dem Zweifel, aber nicht danach
Die »Dreifaltigkeit« – Gebet-Gedanke-Gedicht – vereint Sache und Person, unter Ausschluß des Höchsten: Gott kommt als G nicht in Frage, auch nicht in Betracht. Im Gedicht komme ich ihm am nächsten: objektive Sprache, adäquater Ausdruck; doch bleibe ich auf der Leiter – das

Kunst-Werk. Und münde in der Kunst. In ihr gipfelt mein Können, und das Gekonnte verliert seine Geltung

Das Gedicht kehrt zum Gebet zurück. Das Gebet – Ursprung, Abgrund, erste Regung. Das Wort kommt zur Sprache, wird mündig. Mit dem Gedicht erfüllt sich das Wort

Dichter haben nicht Recht zu behalten

Was sie schaffen, muß gnadenlos geschaffen sein

Man schenke reinen Wein und scheue nicht das Licht:
Es muß nicht sein! Das gibt es nicht!
»Kein Ding sei, wo das Wort gebricht«
Stefan George

Ein Ding, von vielen Namen umworben;
ein Wort, von seinen Buchstaben verworfen;
meine Sprache, wortlos mir vorgeschrieben

Ich habe den toten Buchstaben begraben.
Ist es zuviel behauptet, zu stolz gesagt.
In meine Schranken gewiesen –
in mein Recht gesetzt.
So komme ich zur Sache
und wollte doch zu dir

Ein Prophet läßt sich Honig um den Bart schmieren

Magdalena, um ein Haar davongekommen, verlassen,
wäscht sich die schönen Beine und läßt ihren Kopf mit
der trocknenden Haartracht hängen

Was man lieben kann, soll man lieber nicht bewundern

»Keiner hat wie Jesus gewußt,
daß es kein Gut und Böse gibt,
aber daß man dennoch zu den Menschen
von Schuld und Sünde reden muß«
Constantin Brunner

*Der Weise spricht vom unbelehrbaren Narren
und zieht aus ihm seine Lehre*

»Besser als Weisheit und Würde
ist (manchmal) ein wenig Torheit«
Kohelet 10,1

Liest ein Weiser im Buch der Weisheit,
findet er alles zum Lachen

Vollkornworte

Einsilbigkeit, in Schweigen getaucht

Der Kluge weiß, wie nützlich und unbrauchbar
Einsilbigkeit ist. Reden sind aber nicht anwendbar.
Anwendbar ist nur das gerichtete Wort,
der Satz an dich

Das Schweigen ist immer zugegen

Schweigen heißt in sich gegangen sein,
aber nicht weit genug

»Der Rest ist Schweigen.« Wie groß aber oder wie klein
muß er sein, um vernommen werden zu können

Kommt man dem Spiegel zu nah, trübt er sich

Geht Vorsicht voraus, kommt Klugheit daher

Ein Kleiner muß Ähnlichkeit finden mit dem Großen.
Darum muß ein Großer seine Kleinlichkeiten haben.
Klein und Groß sind im Kleinlichen verbunden

Wir sehen zu und lassen uns nicht blicken

Unverwüstlich ist nur die Wüste

Auch falsche Propheten kommen aus der Schule;
auch falsche Zeugen gehören zum Gericht;
auch Fälscher kommen von der Kunst

Fälscher gefährden die Echtheit der Meister;
sie machen der Echtheit ihre Kunst strittig

Keine Farbenmischung ergibt das Zeitkolorit

*Je weiter zurück man blickt, desto mehr Zukunft
entdeckt man*

Was wäre leichter auf Distanz zu betrachten
als das Jenseits,
und doch ist es mit brennenden Interessen verbunden

Schwer ist es, sich selbst zu Ende zu führen

Schuldgewühl

Das Nachsehen hatte niemand.
Wird man nachdenklich, ist man schon bei Kajin

Kain ist der Erste, der Bruder ist der Nächste, der Andere,
auf den alles ankommt und der liegenbleibt

Der Gemahnmalte geht über die Erde

Der Erste ist kein Bruder, man merke sich das

Was in der Zukunft liegt, liegt nicht für uns bereit

»Von keinem Manne und keinem Ereignis kann je ein Mensch den Sinn aussagen. Denn immer noch ist Zukunft vor uns und ursacht in unsere Stunden herein, und sind wir morgen klüger als heute, so werden wir doch auch morgen heute sagen und abermals nicht klüger sein.«
Joseph Bernhart

Man kann sich die Zukunft vorstellen,
sich aber nicht in ihr.
Das macht die Blutarmut von Utopien aus

Das ewige Leben –
das weit hinter uns
liegende Paradies

Das Gesicht ist sein Ansehen

Zieht man seine Konsequenz, kommt man nicht
zum Schluß

»Des Guten zuviel« – die Niedergeschlagenheit
des ästhetischen Blicks

Nachruhm verlängert die Schatten

Wer entlarven will, muß gestehen können

Vieles angeregt und nichts davon schmackhaft
gemacht

In Schweigen gehüllt, rede ich mich heraus

Ich habe keine Frau je mehr geliebt als meine Arbeit.
»Und Gott?« Er war die Arbeit

Die Jahre sind der Tageslohn

Gedanken über Gott führen weiter,
wenn auch nirgendwohin

Gott sagte nicht: »Es werde Welt!«
So kam es zur Schöpfung

Was uns Glaube ist, ist auch bei Gott nicht Wissen

»Ein Wissen, das kaum schon Atmen ist«
Alfred Mombert

Gehorsam kennt kein Müssen

Folgt man dem Gebot, gelangt man beim Gebieter an;
hat man seinen Glauben, hat man seinen Meister;
hat man seinen Zweifel, hat man seinen Gott.
Wenn das Wort sich erfüllt, ist das Gebot wieder voll

Gottes Auge ist ganz Ohr

Dem Hebräer ist der Name Gottes ein Minenfeld

Judentum – das Wellenspiel der Wüste

Bei Gott! Als wär's die Bleibe, die wir kennen

Bei Gott! Das ist hier und angekommen

Gott hat das erste Wort, der in mir Betende das letzte

Gott kann nur vorgebetet werden

Gott bekommt man nicht zu sehen, nur zu spüren

»Nur verschrumpfte Gebete gelingen«
Ferdinand Hardekopf

Beten, das heißt schon über Gott nachgedacht

Not lehrt Beten, nicht Glauben.
Das Beten für sich bestätigt den Glauben an sich

»Dein Wille geschehe« – ein letztwilliges Wort,
vor- und nachgebetet

Das Gebet, von der Not mit Lippen versehen,
ist die Evidenz Gottes

Hartgeworden und erweicht

Monadisch, nomadisch, dem Verzicht ergeben

»Rede ist nur Rede, während sie gesprochen wird,
nicht vorher noch nachher.«
Mahavira

Wird man mitgenommen, hat man alle Zeit

»Ich bestehe ganz und gar aus Zukunft,
in der Gegenwart bin ich ein Nichts.«
Nikolai Gogol

Moral – ein geschälter Augapfel

Widerspruch – der Spruch, den jeder leistet

Man ist klug genug, nicht zu verstehen,
das reicht aber nicht aus,
um auch klug mißverstanden zu haben

Es fällt mir zu, es fällt dir auf

Meine deutsche Dichtung platzt aus allen Nöten

Eine Handvoll Worte über den Haufen geworfen

Schwerverschwendlich

Das Denkbare muß nicht gedacht werden

Wir wissen nicht, was ohne Sprache denkbar wäre

Kein Werden ohne Sein, doch ist man nicht geworden

Es ist nicht die Sprache, die täuscht, sie ist es
auch nicht, die wahrsagt

In der Sprache wird alles vom Nichts überwuchert

Das Nichts steht im Schatten des Daseins
wie in seinem Dienst

*Je erwartungsvoller ich bin,
desto nachlässiger wird meine Hoffnung*

Die Anklage des Juden ist noch zuviel Klage

Für den Tod reicht jedes Leben aus

Die Worte verlassen uns und bleiben an uns hängen,
ohne je wieder über unsere Lippen zu gehn

Gegenwärtig – in Erinnerung gerufen

Von meiner Vergangenheit kann ich nur sagen,
daß sie der Zukunft angehört

Lege ich den Weg zurück, bin ich schon im Kommen

Das Gedenken, in Erinnerungen versunken

Auch Selbstvergessenheit ist nur eine Erinnerung

Das Angebot des Vergessens ist immer das reichste

*Meine beiden Sprachen
wechseln miteinander kein einziges Wort*

Zwischen meinen Sprachen bin ich selbst die Scheidewand

Meine Not bleibt größer als
die Tugend, die ich aus ihr mache;
sie schlägt zu Buche

Komme ich zur Sprache, kann ich mich vernehmen

Auch meine Gedanken
haben ihre Synagogen

Ich liebe alles, was jüdisch an mir ist,
und die deutsche Sprache,
die alles das willkommen und willfahren heißt

Am deutschlichsten

Sieht es auch aus wie verhängt, kommt es
doch nicht von oben:
Es wird uns in die Wiege gelegt und
in die Schuhe geschoben

Das eine ist das andere; das Merkmal wird zum Denkmal

Verliert man sein Gedächtnis,
hat man keine Verluste mehr zu buchen

*Der Gedanke, man könnte etwas versäumt haben,
ist die verlorene Zeit*

Das eine Leben versäumt man immer.
Mit der Erfüllung ist das Versäumte vollendet

Mein Gedankengang trennt sich von meinem Lebenslauf

Alles läßt sich auch in Klammern denken, außer Gott

Der eingeklammerte Gott – der ausgeschlossene Mensch

Glauben, mit sich selbst herausrücken

Zwischen Gott und mir stehe ich zu Gott

Steht mir Gott im Weg, lege ich den Weg zurück

Gott unter Beweis – wie unter Hausarrest
oder unter Denkmalschutz

Kein Weg zu Gott, der nicht durch dich und mich führte

Ich kann von Gott reden, aber nur,
weil er zu mir nicht spricht

Gott in Sicht und kein Land!

Noch geht es um den Glauben, noch kreist es nicht um Gott

Die Nähe Gottes war immer schmerzlich.
Der Glaube legte das Opfer dazwischen, der Zweifel die
Distanz. Nun eifern Glaube und Zweifel um die größte
Entfernung von Gott

Daß wir Gott lieben sollen, ist schwer zu begreifen,
denn selbst an uns lieben wir das Sterbliche

Vor Gott knie- und straffällig

Das Wissen von Gott liegt weit zurück.
Wir wissen nur noch, was wir sagen

Gott erweist sich immer als Gott, das ist auch
der Gottesbeweis

Auferstehung – die Zwangsläufigkeit des Glaubens

»In der Tat gibt es sehr viele Unsterblichkeiten,
die unerwecklich tot sind.«
Ernst Mayer

Nicht nur der Mensch, auch Gott verläßt den Glauben

Solange wir uns verwundern können,
wird es Wunder geben

Das aufgebrachte Verständnis

»Die Juden in der deutschen Literatur«:
das unversehrte Grundwasser

»Reue ist doch nur eine Finesse des Gewissens; was liegt
daran, wenn man hintendrein mäkelt, man war aber doch
bezaubert; und kein Brand von Alexandrien kommt dem
Verlust an Ungeborenen gleich.«
Alexander von Villers

Jeder kann sich der deutschen Sprache bedienen,
nur Juden können sich ihrer erbarmen

Es stimmt nur unbestimmt

Täglich sich geschlagen gebend,
kommt sie wieder ins Spiel

Der Tod ist keine Leiche

Alle Mörder sprechen Mord:
Das ist die Sprache der Mörder

Im Anfang war das Wort – daran könnte man sich erinnern,
hätte man die Sprache zur Hand.
Die Erinnerung ist allen Anfangs bar

Ein Wort, das den Geist bewegt, ein Wort,
das die Seele beruhigt; ein Wort, das nicht Fleisch
werden will

Das Ende macht den Anfang aus

Vom rückläufigen Verlangen
Oder:
Dieser Kuß fehlt heute

»Mit Lazarus glaube ich Recht gehabt zu haben, wenn ich neulich sagte: ›Es wird viele Huldigungen geben und doch, als Letztes, Enttäuschungen und Bitternisse.‹ Das Ganze, nach diesem Bericht, war Judenmuschpoke. Die beiden einzigen Lichtpunkte sind: Bern und der Schönfelder Pastor, weil christlich, deutsch, national.

Danach, glaub ich, hat es unsren Freund verlangt; der Judenzustimmung war er sicher, schon aus Corpsgeist. Vor 30 Jahren, als er als Vertreter Berns in Wien erschien, umarmte ihn der Rektor d. Universität, Prof. Hirth, und küßte ihn vor versammeltem Volk. Dieser Kuß fehlt heute.«

Theodor Fontane

An finsteren Tagen ist der Blinde ein Hellseher

Das Gute ist das Beste vom Besten

In Deckung gebracht, enthüllt sich das Wort

Alles Mehr taugt auch im Geringsten nicht

Auch das Neue Testament bleibt beim Alten

Ohne Verbindlichkeit keine Erlösung

Über unserer Erwartung nimmt der Kommende seinen Anlauf

Kein Messias ohne Händel

Schon Salomo, Sohn Davids, mochte nicht Messias sein

Für die Erlösung denkt man sich den spätesten Nachkommen

Der Messias kommt vor, der Messias kommt nach, der
Messias kommt und kreuzt vielleicht nicht auf

*Was man zu haben glaubt, glaubt man auch
gegeben zu haben*

Weil sie Väter sind, läßt man sie nicht Brüder werden

Das Heil aber kommt von den Juden, oder es kommt nicht

Gott ist in seiner Schöpfung und in unseren Handlungen

»Ich gebe euch die Thora, damit ihr mich erfüllt«

Gott ist Abraham nicht erschienen,
um das Jenseits zu verheißen; davon hatte er genug

»Daß die Juden unter allen Umständen Gottes Gebote
tun wollten, das ist ihre Stärke gewesen.«
Paul de Lagarde

Eine wüste Gegend
Oder:
Palästina

»Daß Sie nach Palästina gehen wollen ist das, was mir Ihren Brief erfreulich und hoffnungsvoll macht. Das ist vielleicht richtig und kann eine seelische Wirkung haben. Vielleicht

wollte ich mich Ihnen anschließen. Würden Sie mich mitnehmen?«
                Ludwig Wittgenstein an Paul Engelmann, 24. Februar 1925

»Im Sommer war ich in Berlin und fragte nach Ihnen, konnte aber Ihre Spur nicht finden. Sollten Sie in Palästina sein? Wenn ich ein Jude wäre und jung, ginge ich hin, vielleicht sogar wenn ich nur jung wäre, auch ohne Jude zu sein.«   Ricarda Huch an Alfred Döblin, 22. Oktober 1933

»Der Jude ist eine wüste Gegend, unter deren dünner Gesteinsschicht aber die feurig-flüssigen Massen des Geistigen liegen«   Ludwig Wittgenstein

»Der Satz: ›Ich bin J., dein Gott‹ (Exodus 20,2) bedeutet zugleich: ›Du, Israel, bist mein Volk.‹ Er versetzt den Angesprochenen in die Wirklichkeit des Gesprochenen, das heißt: Die scheinbare Aussage ist eine Handlung; das Sagen ist ein Tun; dem Angesprochenen wird das Gesprochene angetan.«   Fridolin Stier

Nicht immer ist Israel das erwählte und erlesene Volk,
doch ist der Gott Israels immer der Erwähler

Selbstverständlich ist keine Vernunft

Das Grundsätzliche gibt es nur im Prinzip

Die geteilten Interessen treiben ihr Spiel,
ohne auf das Unteilbare zu achten

Das Unterwegs geht im Kommen nicht auf

Hoffnung – der Erwartung letzter Rest

Wer im Glauben lebt, glaubt nicht, daß

Die Juden haben Jesus nicht gekreuzigt,
aber vom Kreuz heruntergeholt.
Ihn vom Kreuz zu trennen, vermochten sie nicht

Es sind nicht die starken Worte, die uns die Schwäche nehmen

Mit der Überzeugung geben Denken und Glauben sich auf

»Ehje ascher ehje« – Ich bin, der ich bin:
Nicht immer derselbe, nicht immer der gleiche,
Schöpfer, Lenker, Richter, König;
Vater, Unser, Aller

Deutsch ist nur für Deutsche Deutsch,
für Juden bleibt es Teitsch,
das ist so gut wie Chumesch-Raschi:
Die verwunderte Intimität unter dem Strich

Dem Gesprochenen zu entsprechen – ist das Schwierigste

Ob ich in Gedanken gehe,
ob ich mit Sprüchen komme oder mit Zungen rede,
altertümlich, judentümlich

Ein vergriffenes Wort, das ich bin, das sie weiß

Geht sie nachts über meine Lippen, ist sie nur noch Auge

Sie wird schon wissen, was sie an mir hat

Was sich vernehmen läßt, stellt sich auch ein;
es muß nicht zutreffen

Die deutsche Sprache ist meine Verbündete
in jüdischen Angelegenheiten

Daß sie deutsch geschrieben sind,
macht meine Bücher schon zu jüdischer Mystik

Gedanken, die nicht am Ende, nur am Rande einleuchten

Es gibt ein aufhellendes und ein lichtscheues Denken;
ein eingehendes Wissen und ein ausbrechendes

Es gibt nichts, das nicht auch wäre

Mit jedem veränderten Satz gewinne ich Neuland

Meine Sprache – meine Gegebenheit, mein Wort –
meine Ausnahme, mein Ende – meines Wortes Rückzug
in die Sprache

Ich werde von den Toten meiner Sprache nicht auferstehen

Es gibt nicht nur Tod und Auferstehung,
es gibt auch Auferstehung und Tod

Spricht man mit sich, ist man gut beraten

Auf das Ende zu erschließt sich mir mein Ausgangspunkt

Ich ging mit meinem Vater aus der Welt
und kehrte als mein Vater zurück

»Arbeit macht frei« –
durch dieses Tor geht mein Blick in die Welt

Ich will mit meinem Tod gesprochen haben
und setze mich zum neuen Jahr
wie an den alten Tisch

Die Flaschen lauern wie Tiere mir auf

Ich trinke das Tier aus der Flasche.
Entleerte Katzen lagern trunken um mich

Die Straßen verlassen die Stadt

Primärlich ehrlich sage ich euch
und besoffen offen:
Wer die Schuld nicht teilen mag,
wird von ihr getragen

»Denn diese ganze Welt hat sich herausgefrevelt
aus der Weisheit Gottes«
Die Erzählung vom Sterben des Mani

Wo oft beteuert wird, da wird zuviel gebilligt

Man ist auf sein Leben nicht besser vorbereitet
als auf seinen Tod

Die Erinnerung wird noch Blut genug
zu trinken haben

Die Zeit – die Wunde, die uns trägt

Unter der Sonne, hinter dem Berg

Keine Tugend, die ihre Not nicht kennt

Auch ihr Ende nimmt Liebe durch die Blume

Du kannst nicht einfach bei mir hereinschneien und sagen:
Ich habe dich heiß geliebt

Ein Wort steht auf mitten im Satz und
verabschiedet sich

Loreleila,
mein westöstlicher Divan

Wer sich verbirgt, ist besser zu hören

Kein Prophet kann seine Gegenwart verhindern

Auch der Erinnerung leuchtet Vergessen ein

»Tapferkeit lerne von mir, mein Julus,
und ausharren in Mühen,
aber das Glück lerne von andern.«
Vergil

Ich sehe die Zeit kommen, sie bringt mich hinter sich

Die Trennung meines Leibes vom ganzen Körper
beim Heulen der Sirenen

Ich geh auf mich zurück und geh und geh
und komm bei mir nicht mehr an

Die Sehnsucht macht mich wett

Kommen ist das längste Unterwegs

Die Ausnahme macht, wer keine Aufnahme findet

Meine Bücher sind der Sammelpunkt vieler Toten,
das macht sie für den Leser so lebendig

Sein Ende kann man nehmen, seinen Tod nur vorweg

Der wesentlich gewordene Mensch geht,
ohne Schlußgebet, in seine Anfänge ein

Keine Gnade ohne Gnadenstoß

Nun steht Er am Ausgang und spricht: »Werde Licht!«

AUS DER MITTE GEGRIFFEN

Dem Gedenken an Klara Klein,
gestorben 2. Juli 1988 in Darmstadt.
Sie schenkte mir ihre ganze Erinnerung
an Hannah Hellmann

»Nicht verlautbaren, vernehmlich machen.«
Lazarus Trost

Gott sprach und es ward. Der Mensch aber
war der erste Ton,
den Gott von sich gegeben hat

Hier folgt ein kleines Buch,
mit nur wenigen Ruhmesblättern

»Es werde Licht!«

War's der erste gesprochene,
war's der erste vernommene Satz?
War das Tohuwabohu lichthörig? hörlichtig?

»Es werde Licht!«

Der erste gesprochene Satz, die Anforderung,
der Anspruch, mit dem Aphoristik auftritt:

»Es werde Licht!«

Im Anfang war das Wort,
und ein Wort gab das andere,
und von jedem Wort gingen Wege aus, die sich abgespalten
haben, um aneinander vorbeiführen zu können

Ein Wort gibt das andere und weiter nichts

Und Gott sprach: Es werde Licht!
Und Wort und Licht teilten die Dunkelheit unter sich

Beim Wort genommen – bei Licht besehen

Was ich sagen will, kann ich nur in Worten
dieses Willens sagen

Was ich gesagt habe, kann ich mit anderen Worten
nicht sagen,
aber mit Worten anderer, die mich auffordern,
sie in Erinnerung zu rufen

Spreche ich auch klug, noch ist es nicht gesagt;
erst im Zitat komme ich zum Ausdruck

Die Sprache spielt meine Rolle

Kajin hatte Abel erschlagen,
doch mundtot war Abel von Anfang an.
Die Bibel verzeichnet kein Wort von ihm,
keine einzige Silbe.
So stammt just von Kajin das erste Hirtenwort:
»Soll ich meines Bruders Hüter sein«

Abels kurzes Dasein und schnelles Vergessenwerden – kein König, kein Priester, kein Prophet gedenkt seiner – wird im Buche Sohar dahin erklärt: Er sollte wiederkehren als Mose, der Hirte Israels.

Weil sein früher Tod vorgesehen war, wurde ihm sein Name ohne Beistand Gottes gegeben. Dieser offenbart sich in der Namensgebung. Eva aber nannte ihren zweiten Sohn Hewel, weil sie fühlte, wie sein heiterer Lebenskern sich wie Nardenduft in ihr ausbreitete. Der wird ein Wolkenreiter, sagte sie sich, ein Hascher nach Wind.
Abel war in allen seinen Handlungen großherzig, als er gebeugt vor Gott stand, konnte er sich aber nicht enthalten – und sah dem heiligen Feuer zu, das vom Himmel herabfuhr, um sein Opfer zu verzehren. Darauf stand der Tod

Fragen werden beantwortet, Antworten in Frage gestellt
Es fehlt uns etwas, das nicht Antwort ist.
Vor langem ist es die Dichtung gewesen – das Fraglose des Fragens, die Antwort als Echo auf den Ruf, nicht auf die Frage

Wir vernehmen nur das, was am Fragen nach Antwort drängt, nicht das Ungefragte, auch nicht das Fraglose als Begleitmelodie des Gefragten: etwas, das fragwürdig ist, und nicht, weil es auf Antwort hofft

Unsere Fragen sind wichtig, wertvoll sind sie nur in der Fragwürdigkeit: das ist die biblische Sphäre. Abraham anzuzweifeln ist kurzsichtig, Gott zu rechtfertigen – scheuklappisch. Die Versuchung wird nicht dadurch entbehrlich, daß sie uns überflüssig erscheint.

Gewiß, dächte Gott wie wir, er versuchte Abraham nicht.
Weil es uns aber nicht gelingen will, wie Gott zu denken, soll
Genesis 22 gestrichen werden?
»Den Sinn mit Worten anzutasten, scheut sich der Fragende
mehr denn je.« Nora Braun

Skepsis: Wenn- und Aberglaube

Es ist ein Vergnügen, von Gott zu sprechen,
wenn man an ihn nicht glaubt, aber daran –
daß er zuhört

Es geht nicht an, seine Zweifel mit Gott teilen
zu wollen

Das Verständnis geht seine Wege,
das Mißverständnis bahnt neue

*Hinschauen, zusehen, aufwerfen, einreißen
und sich vorkommen*

Die Tage schweben dahin, die Jahre bleiben
ans Alter gefesselt

Mittendrin beginnen ist ein guter Anfang

Man muß etwas annehmen und angenommen haben

Das Lesen muß wieder schreiben lernen

Was ein Wort ist, kann nur ein Satz ausmachen

Das Wort findet auch im Satz kein Ende,
nun aber kann von ihm die Rede sein

maiästhetisch

*Auch Gottes Wort ist datierbar, vernehmbar
doch nur jetzt*

»Drury, denken Sie an den Sabbat!«
Ludwig Wittgenstein

Sechsmal hintereinander kam die Schöpfung an den Tag;
sechs Tage traten ihr Licht an den siebenten ab, in dem der
Schöpfer, bewegt, nichts mehr bewegend, einzog und alles
ins Dasein Gerufene segnete und sein ließ

»Und an jenem Abend, da der junge Sabbath
den Sonnenuntergang entlangschlich und mit seinen
roten Absätzen die Sterne niederdrückte ...«
Isaak Babel

Schabbat, die lichtumflossene Gelassenheit Gottes

Im Anfang war das Wort,
noch ehe Gottes Wille geschehen konnte,
und eine ganze Schöpfung rollte davon

Auch der Schöpfer kommt zur Welt

Gott hat die Schöpfung auf seiner Seite,
die Welt aber gegen sich

Der Glaube ist immer gottverlassen

Gott verspricht sich nicht

Überleben ist nicht attraktiv, wo Auferstehung bevorsteht

Der Auferstehung mit Leib und Seele widerstehen

Der Todesengel ist der einzige, der sich verjüngt
und täglich überlebt

Das Wort Gottes – seine Versprochenheit

Ewigkeit gibt es nur im Verlauf der Zeit

Folgerichtigkeit ist nicht zeitgemäß

Man wird sich ähnlich und ist bei Gott,
oder man kommt zu sich und wird Jemand

Eine gut gestellte Frage freut sich ihrer Fraglichkeit

Eine gute Antwort lechzt nach Widerlegung

Es gibt eine Aufklärung der Fragen und eine der Antworten

Probleme – selbstvergessene Fragen

Fraglosigkeit wird nicht über Antworten erreicht

Die Gültigkeit von Thesen – die Bereitschaft, sie zu verteidigen

»Ich schrecke vor dem Gedanken nicht zurück, daß im unendlichen All bloß die Erde Menschen trägt, und bloß die Menschen vernünftige Wesen sind. Der Mensch ist so groß, daß das All zufrieden sein mag, bloß auf der kleinen Erde Menschen zu haben.« Heymann Steinthal

In den Raum geschossen
und nicht aus der Haut gefahren

Keine Größe, die sich nicht auch im Irrtum zeigte

Im Großen ist auch der Wunsch nach einem Verschwinden groß; das Entsagen beleuchtet das Versagen, die Resignation das Lebenswerk; darum sagt der heilige Thomas von seiner Summa, sie sei so gut wie Stroh

Man muß verschwinden,
wenn man bleiben will

Freiheit ist zwangsläufig

Was uns von einer Wahrheit überzeugt,
ist ihre Wahrscheinlichkeit

Vom Glauben kennen wir nur den letzten Rest,
die Glaubwürdigkeit der Mundtoten

Kostbar ist eine Lüge, die sich rar zu machen versteht

Ist das Wir geklärt, ist das Ich problemlos

Nur das Ich hat etwas zu sagen,
weil nur das Ich im Du zuhört

Du kannst deine Stücke schreiben,
die Regie übernehmen, deine Rolle spielen –
auf die Bühne kommst du nicht ohne Engagement

Erziehung – zum Nächsten;
Unterweisung – in das Fremde

Der Fremde rührt an unsere Intimität und scheucht sie auf.
Ob gewinnend oder nicht, er ist nur billig zu haben.
So dringt er in uns ein

Es ist leicht, im Groben fein zu sein

Stieftraum

Schmalzgrube, Glücksfalle

Heutschrecken

»Der Mensch ist das einzige Wesen, welches vermißt, was es nie besessen hat. Und die Gesamtheit dessen, was es vermißt, ohne es je besessen zu haben, ist das, was wir Glück nennen. Der Mensch vermißt, was er nicht hat, weil er nötig hat zu sein, was er nicht ist.« Ortega y Gasset

Lieber einen Zoll Glück als einen Morgen Klugheit, sagt ein arabisches Sprichwort; ein anderes aber sagt: Jede Begegnung ist besser als eine Verabredung

Was wir voneinander wissen, ist das Angebliche

Denken ist ein Feuer für sich und Frauen brennen leichter

Wir hören von der Größe Adams; zwar hat er keine Werke vorzuweisen, doch eine weitreichende Tat: Er gab allen Wesen ihren Namen. Sein eigenes Handeln ist dürftig, von Gott zur Rede gestellt, kann er sich nicht verantworten, er findet nur Worte, die seine Angst ihm diktiert. Evas Eintritt ins Dasein ist nicht leise, ihre Worte sind gesetzt, ihr Handeln rahmensprengend. Es liegt in ihrer Macht, die eigenen Kinder mit Namen zu bestimmen. Was in ihr vorgeht, bleibt ein Teil von ihr. So war es vorgesehen, doch wird es so nicht bleiben. Den ersten Menschenkindern hat Eva die Namen gegeben, sie waren Stiftungen, Gründungen, Himmel und Abgrund verbindend. Die erste Namenkunde stammt von ihr, aber auch das erste Denkmal: »Und sie gebar einen Sohn und nannte seinen Namen Schet; denn gewährt hat mir Gott einen anderen Samen für Hewel, den Kajin erschlagen hat« (Im Anfang 4,25)

»Frauen scheinen sich häufiger als Männer mit der Vergangenheit auseinanderzusetzen. Trennungen und Einsamkeit beherrschen ihr Leben und fördern den Umgang mit Trauerprozessen.« Margarete Mitscherlich

Lieber büßen, wie man soll, als beichten, wie man will

Für sich einnehmen ist mehr als erobern

Die Pilatusfrage bezeugt,
daß Wahrheit nicht namenlos sein darf

Man wünscht sich seine Mahner, die man nie begehrt, aus den eigenen Reihen, und ist dabei doch immer auf einen fremden gefaßt, der komme und das gefürchtete Unheil abwende. Man macht sich lieber Sorgen als Gedanken. Also holt man sich seinen Bileam, daß er dem aufkommenden Volk fluche. Und im Nu ist es der Mahner gewesen

Tolle, ganz tolle Ränzler
Die beste Aufklärung – Einsicht gewähren in sich. Das haben Antisemiten oft getan, weswegen Juden mit ihnen immer besser gefahren sind als mit Toleränzlern, die so ehrlich und offen waren, daß man sie nicht mehr durchschauen konnte

Auch Antisemiten sind keine, wenn sie nur einen Juden lieben.
Und wer liebt schon mehr als einen

»Solange es Juden gibt, bin ich minderwertig«: Das waren Hitlers klarste Einsicht und hellster Wahn. Er hat die Vernichtung der Juden angedroht und befohlen, aber nicht unterschrieben, überzeugt, seine Hand würde verdorren

Ohne Nein wäre das Ja herzlos

»Es darf nie wieder geschehen«, als ginge es je um Dürfen; als wäre das Geschehen nicht das Dürfen selbst

Man denkt bei sich und glaubt – bei Gott

Jeder liebt seinen Engel, wenn er ein gefallender ist

Heiterkeit ist Lauterkeit

Zum Verwerfen neigt, wer zur Hingabe nicht taugt

Zwischen Ereignis und Geschehen liegt ein voller Tag

Zukunft – der Wunsch, auf sich zurückkommen zu können; das kann man aber nur in der Erinnerung

Man macht sich aus dem Staub und wird auf ihn zurückgeführt

Stehe ich im Wort, stehe ich im Gegensatz

»Religion zu predigen ist nicht Sache des Dichters; Dichten ist religiöses Handeln. Einer kann nicht alles tun; der Lehrer und Prediger weist den Weg zu Gott, der Künstler baut die Himmelsleiter. Er gehorcht eben nur der Stimme Gottes, und diese Stimme heißt Phantasie. Sie spricht das unmittelbarste ›Es werde!‹, sie ist das ›Wort, das im Anfang war‹.« Richard Dehmel

Dein Leben läßt sich nicht ausdehnen, aber hinausschieben bis zum Gehtnichtmehr

Der uns die letzte Sicherheit nimmt, ist unsere letzte Sicherheit.
Die letzte Sicherheit: »Zeig mir dein Angesicht«, bittet Moses.
»Wenn du mein Antlitz sehen willst«, sagt Gott, »mußt du dein Leben lassen. Aber du kannst mir folgen und meiner Majestät nachschauen.« Moses folgt – in den Nebel hinein, wo Gott zu sehen ist.
Unten ist das Volk; der Hirte ist weg, die Unsicherheit ist gewaltig; zur Sicherheit macht das Volk ein goldenes Kalb.
Die Nebel steigen hoch, Moses kommt herab mit den von Gott gegebenen und geschriebenen Tafeln – die höchste Sicherheit, die »Lebensversicherung«.
Moses hört das Toben ums Kalb und zerbricht die Bundestafeln

In Gott – das wäre die Sicherheit, wo aber ist das?

»Man wundert sich manchmal, daß Galilei sich ein wenig schwach gezeigt hat, daß er eingewilligt, zu widerrufen, was er doch für richtig hielt. Das tat er, weil er einsah, daß sein Tod nichts zum Nachweis dieser Wahrheiten beitragen würde; man macht sich nur zum Märtyrer für die Dinge, deren man nicht ganz sicher ist.« Ludwig Bamberger

Ewigkeit verdankt sich dem Alltag, dem sie nie entgeht

Der Ewige lockt uns, ohne uns anzugehen.
Dem Ewigen in Ewigkeit – das sind falsche Träume.
Buber und Rosenzweig haben den Ewigen abgewehrt.
Gott hat einen Namen, und den gibt er nicht auf.
Wie kommt der ver ER te nun aber zu sich

Der Ewige segnet das Zeitliche nicht

Der Traum, die fehlende Lebenslänge

Erinnerung täuscht Gegenwart des Gedächtnisses vor und macht vergessen

Erinnerungen – leierhafte, geierhafte

Erinnerungen – die Träume unserer Glieder

In der Erinnerung entschläft das Gedächtnis

Jiddisch – die Reichweite des jüdischen Gefühls

Das Gefühlsleben der Juden läßt sich nur im Jiddischen feststellen. Der jüdische Witz ist primär ein jiddischer. Das im Hebräischen verwurzelte Volk war, bei aller Weisheit, mit Humor karg bedacht. Das lange Kochen am aramäischen

Herd würzte den Duft der Weisheit und brachte den Witz auf seinen Geschmack. Wo sich keine Dialekte in die Sprachwirtschaft einmischen, hat auch das Lachen eine pathetische Note

Pathos – eine dem Gestern entlaufene Zukunft

Schlichtheit hat das Einfache als Pathos in sich

Der jüdische Humor geht nicht auf die Bibel zurück, da gibt es wenig zum Lachen; auf seinem Gipfel, im Jiddischen, ist er aber in volkstümlicher Weise durch und durch gebibelt

Sich loslachen
Oder: Humor, das ist Befreiungstheologie

Der jüdische Witz hat seinen Grund in der Intimität des Umgangs mit Gott. Moses darf Gott dies und jenes sagen; das Moment des Dürfens, vom Umgang diktiert, ist bahnbrechend. Er kann sich das nicht leisten – er darf. Gewiß, er wird das gelobte Land nicht betreten, bis zur Grenze kann er sich aber Luft machen. Keiner war wie er so hoch zu Gott gestiegen. Im Nebel mit Gott – nicht eins, nur hörsichtig geworden. Der sich vor Gott und für sein Volk nicht einmal nur hingeworfen, wagt es nun auch, die mit dem Finger Gottes geschriebenen, von seinen Händen empfangenen Tafeln hinzuwerfen. Da stand er selbst wie geschrieben: ein Fels, aus dem Nebel gehauen

Die Lehre vom Leben trat durch ihn ins Leben, er wird sein Leben nun aber lassen müssen, das verheißene Land nur von ferne sehen und als erster aus den Augen verlieren. Er selbst – zu Tode geküßt – wird von der Erdoberfläche in jeder Form verschwinden: »Niemand kennt die Grabstätte bis auf diesen Tag«. Das Gesetz, die Weisung, die Thora, bleibt für immer die kühnste Fantasie von der Schöpfung, eine Lichtflut, urknallig, moseanisch nachhallend. Alle Rahmen sprengend, bleibt sie für immer im Bild

»Wir meinen, wir müßten die Sprache der Bibel als Bildersprache auffassen; vergessen aber, daß diese Bilder lebendig sind und unsere Begriffe tot.« Ricarda Huch

Moses – die Geschichte der Wüste,
feuerbuschig, sandkörnig, bewegt
bis zum letzten Mann, bis zum letzten Meer

Moses ist alles, was ein Herz bewirken und bedeuten kann,
wenn es mit einem Gott befrachtet ist

Thora besagt, daß alles Lernen sich auch auf Gott erstreckt

Sprachkritik ist Witz

Das Geheimnis des ›Hiob‹ ist sein Witz:
im Prolog offenbar, im Epilog verschlüsselt:
Namen, Frauen, kecke Frauennamen,
hingelächelt, jedoch in Gold gefaßt:
Schminkhörnlein, Zimtblüte, Täubchen.
Sie verleihen der dunklen Laune einen lichtvollen Zug.
Man nimmt sie eher hin als ernst
und verfehlt so den göttlichen Witz

Eine Theodizee kann nur der Witz erfinden
oder ergründen,
weil nur der Witz sich Humorlosigkeit leisten kann

Das Judentum kennt das Haarspalten,
aber keine Kopfgeburt

Je größer die Liebe zu Gott, desto grundloser sein Dasein

Dem Wissenden genügt das Wissen nicht,
er weiß, daß Nichtwissen dazugehört

Gott ist ein Stück Land, das man für sich erobert
und Jahr um Jahr an ihn abgibt:
Der letzte Rest ist die letzte Hingabe

»Die Juden – mit einem sehr wachen Gefühl für die Gefahren der bildlichen Darstellung – verboten die Wiedergabe der Person Gottes in geschnitzten Bildern. Trotzdem, die menschliche Natur und die Natur der menschlichen Sprache waren stärker als sie. Keine Gesetzgebung konnte die Schaffung von Wortbildern verhindern: Gott geht durch den Garten, er streckt seinen Arm aus, seine Stimme läßt die Zeder erzittern, seine Augen prüfen die Menschenkinder. Ein Verbot, Bilder von Gott zu schaffen, würde einem Verbot gleichkommen, überhaupt über Gott nachzudenken; denn der Mensch ist so geartet, daß er keine andere Möglichkeit als in Bildern zu reden hat«   Dorothy Sayers

Liebe ist leichtbüßig

Liebe ist nie fest genug, stark sind nur
ihr Ausbruch und ihr Ausdruck

Viel Stoff ist mehr Nacktheit

Liebe und Neid liegen immer vor und kontrollieren
die weiten Felder und die engen Stirnen

Mit der Liebe ist man jedem gewachsen,
mit ihr allein wird man keinem gerecht

Tausend Weiber hatte er, tausend Leser hatten seine Sprüche

Der das Hohelied dichtete, durfte den Tempel erbauen;
die Psalmen reichten dazu nicht aus

Salomo, auch wenn er manche Gebote übertrat, steht doch für die Thora ein: Seine Sprüche sind ihr reines Licht und bleiben frisch, sind nicht psalmühsam, auch nicht psalmodisch – was allerdings auch ein Nachteil ist, denn die Psalmen sind an den Weltlauf gebunden und haben alle Tage in sich. Psalmen gehen immer, auf die Sprüche muß man kommen. Ergreifend, zuzusehen, wie unsere Dichter und Denker bemüht sind, die Sprüche den Psalmen anzunähern, anzugleichen, Salomos Seele durchs Gebetbuch (Machsor) zu zerren und zu sühnen. Die Psalmen sind nicht zu überbieten, die Sprüche aber auch nicht zu schlagen. Ohne Salomo keine Unterweisung, keine jüdische Erziehung. Die Erziehung der Jugend heißt Sprüche, die Aufrichtung des Alters – Psalmen. Der Psalm bahnt der Seele den

Weg zu einer Bereitschaft, die keine Resignation ist – und ermöglicht dem Menschen, die Erinnerung als Ewigkeit Gottes zu begreifen.
Keiner war Gott so nah wie der gesalbte David; im Gebet und im Streit lag er Gott in den Ohren. Er wollte von Gott nicht weniger wissen als Moses, und Gott ließ ihn wissen, doch nirgends steht geschrieben, daß David Gott liebte. Salomo aber liebte Gott buchstäblich, das ist wörtlich nachzulesen (1. Könige 3, 3)

Hinschauen, einsehen, vollziehen
Weisheit patrouilliert an den Grenzen der Macht, Salomos Weisheit prüft Neigung und Abneigung des Schwachen. Wann immer er das Wort ergreift und anwendet, ist er Volkserzieher. Im Übrigen und im Grunde läßt er die Weisheit sprechen. Er glaubt zu wissen, wer über ihm steht und waltet, und sein Glaube zeigt der Weisheit ihren Rang

Der Weise hat keine Feinde, darum ist er ja weise; wer aber keine Gegner hat, wird aus sich nicht klug.
Die Leistung der Weisheit – die Erfindung des törichten Narren, des närrischen Toren. In den Sprüchen markiert der »Narr« die Entfernung vom Guten, der »Faule« die Entfernung von Sinn und Zweck. Der Faule – wie Salomo ihn denkt, und er kommt als Figur ja nur in den Sprüchen vor – ist eine Mischung von Trägheit und Hypochondrie. Salomo hat für ihn kein Herz, aber verständliche und aufmunternde Worte: »Gehe hin zur Ameise, du Fauler; siehe ihre Weise an und werde klug« (6, 6).
Er sagt ihm nicht: Beobachte den Affen, wie er sich, von Baum zu Baum springend, den Wald erschließt! Er sagt nicht: Betrachte den starken Elefanten, die große Giraffe; du

hättest ein Löwe sein können! Er empfiehlt ihm, gütig und ironisch, dem Naheliegenden, und sei's liegend, Aufmerksamkeit zu schenken – der Ameise. Wende dich ihr zu, sagt er, wenn du gescheit sein willst, sieh wie klein sie ist, wie emsig sie arbeitet, wie unbeirrbar sie ihrer Aufgabe nachgeht. Geht man seiner Aufgabe nach, sind auch die winzigsten Schritte bewegend

Denken –
weitblickend sich selbst übersehen

Meine Versäumnisse waren immer groß und schön,
und alle waren sie mein

Ich habe die Flammen dem Feuer überlassen

Nur noch Tage kommen täglich

Wenige Tage vor dem Tode hat er sein Bett
in seine Bibliothek tragen lassen:
Unter seinen Büchern ist er,
Wilhelm Gesenius,
gestorben

In sich, außer Landes gegangen

Vom Schweigen will ich schweigen

»Jeder Tag ist für sich selbst genug. Ich will dir helfen, Gott, daß du mich nicht verläßt, aber ich kann mich von vornherein für nichts verbürgen. Es kommt immer mehr SS in das Lager, und es wird immer mehr Stacheldraht darum gezogen, die Lage spitzt sich zu. Ich will noch ein paar Tage ruhig liegenbleiben, aber danach will ich ein einziges großes Gebet sein.«
                 Etty Hillesum

Den Menschen verändern:
ihn glauben machen,
es könnte ihn noch geben

Der Regenwald steht auf dem Kopf,
die Sonne unter Wasser,
das Wunder unter Beweis

Niemand fürchtet mehr den Löwen

Erdteile schwimmen auseinander

Ein Wunder, daß einer das sagt,
wo es keinen Menschen mehr gibt

GENESIS ZWEIUNDZWANZIG

Variationen

Im Anfang war das Wort
und Gott liebte es auf Gedeih und Verderb.
Es sollte unantastbar bleiben

»Im Anfang war das Wort«:
So wurde die Theologie eingesetzt
und der Philologie ein Riegel vorgeschoben

Gott spricht das erste Wort
und trägt das Licht hinein,
die letzte Klarheit bleibt bei ihm:
Sie liegt an uns

Abraham – der älteste Mensch,
von dem wir vertraulich, verbindlich
und nicht unwissend sprechen.
Sein Volk heißt aber nicht das Volk Abrahams,
sondern »Am Elohäj Awraham« (Psalm 47, 10):
»Die Königschaft trat Gott an über die Weltstämme,
Gott setzte sich auf den Stuhl seiner Heiligkeit,
versammelt sind die Edlen der Völker,
das Volk von Abrahams Gott.«

»Same Abrahams« ist die eine Sache,
»das Volk von Abrahams Gott« eine weitere

Das Judentum beginnt bei Abraham,
und schon mit ihm erreicht es sein hohes Alter

Im Anfang war, was immer war; begonnen hat es mit Abraham

Alle seine Voraussetzungen kennen wir als Nachträge, selbst seine Geburt mußte nachgedichtet werden.
Sein erstes Vorkommen ist ein Unterwegs.
Die Stimme spricht, er geht und wächst wortlos in das Wortpaar hinein, sein großes Thema:
Verlassen und Verlaß.
Mit dem ersten Schritt in Rufrichtung, in die letzte Stimmigkeit seines Daseins, erweist er sich, in seinem fünfundsiebzigsten Lebensjahr, als noch veränderbar.
Mit der Veränderung seines Namens – von Abram zu Abraham – tritt er aus dem Gehorsam in die Bereitschaft.
Abram ist gottähnlich, Abraham gotthaltig

Er geht
und alles um ihn ist im Kommen

Es gibt von ihm keine Beichte, kein Gebet, keine Erinnerung; Bedeutendes hat er nur zweimal gesagt: Sein dreisilbiges Hinneni zeigt uns, wer er ist und wie er als Gläubiger und im Glauben dasteht; sein entscheidender, unmißverständlicher Satz: Der Richter der ganzen Erde sollte nicht üben Gerechtigkeit? (Genesis 18,25)
»Fern sei Dir«, sagt Abraham, und gewinnt die größte Nähe zu Gott

Ahnung trügt nicht, sie täuscht aber etwas vom Ursprung des Denkbaren vor
Was Gott betrifft, das läßt sich nur von uns aus sagen, nur ohne uns denken. Dieses »ohne uns«, bei Leib und Seele, war Abrahams Vermögen; doch sein Vermächtnis, aus

Fleisch und Blut, war stärker. Unsere Gedanken bleiben auch in Ton und Papier gut aufbewahrt, die Gedanken Gottes aber nur in Fleisch und Blut

Akedah, die Bindung Isaaks
Wir glaubten, wir wären der Geschichte von der Akedah die Nächsten und die Berufensten, sie zu verstehen und über sie zu urteilen. Wir hatten die Geschichte im großen erlebt; mit dem Überleben stellte sich die optimale Optik ein, die Zeit selbst legte uns die Schlüssel zum Verständnis in die Hand, und es kamen uns allmählich zu Hilfe: die kleinlaute Theologie, die tiefbohrende Psychologie, die ins Hauchdünne gehende Literatur-Betrachtung. Wir glaubten; es stimmte; und nun können wir auch die Geschichte Abrahams großartig analysieren und raffiniert deuten; unser Verständnis wächst und reicht doch zum Begreifen nicht aus.
Dazu fehlt uns das Heilige und der Sinn fürs heilig Gedachte. Doch damit nicht genug: Es gibt da einen Schatten, den wir nicht überspringen können, weil wir selbst ihn werfen

> Am Anfang aller Geschichte steht die eigene:
> die Geschichte, die man fürchtet;
> die Geschichte, die man sich erzählt

Heilig betrachtet, bleibt die Geschichte von der Akedah unantastbar; und wie auch immer betrachtet, unverrückbar: ein Herzstück Abrahams, ein Kernstück des Glaubens schlechthin, ein Kunststück zuletzt und durchaus.
Glauben, das heißt seitdem - wie Abraham: so unerschütterlich treu; so unbarmherzig grausam.

Drei Tage und keine Handvoll Worte; drei Tage nur – und der gar längste Weg, den Vater und Sohn je miteinander zurücklegten.
Wir hören sie kaum sprechen, hören aber nicht auf, sie zu sehen und ihnen zuzusehen; ob bangend, ob empört, die Geschichte nimmt uns mit, wir gehen von Wort zu Wort, von Berg zu Berg, durch alles Verschwiegene. Was gäbe es nicht alles zu sagen!
Ein weiter Weg führte dorthin, ein kurzer nur nach Beer-Schewa zurück. Kein Wort verlängerte den Weg; es gab nichts zu sagen. Es war eine schwere Geburt; nun ist sie vollbracht

Aller Gründe Grund ist Bodenlosigkeit
Abraham war ein alter Mann, der nichts begehrte, nichts verlangte, dem nichts vorzumachen war. Alles an ihm und um ihn war Verdienst, nichts Geschenk.
Auch sein Alter war nur der Lohn aller Tage und eines jeden Augenblicks.
Er bedachte es mit Würde und schweigsamem Schweigen.
In dieses Schweigen gehüllt, schenkte er Gott sein Gehör und seinen Glauben.
In einem Satz, Grund und Boden zusammenfassend, wurden Glaube und Gerechtigkeit aufeinander bezogen, füreinander und für immer bestimmt:
»Und er glaubte dem Herrn und das rechnete er ihm zur Gerechtigkeit« (Genesis 15,6 in Luthers Übersetzung).
Gott brauchte den Glauben für seine Gerechtigkeit, Abraham die Gerechtigkeit für seinen Glauben.
Die Gerechtigkeit ist der Grund, der Glaube der Boden.

Das rechte Denken geht um Gott, das gerechte um den Menschen.
Gerechtigkeit verträgt keine Ausnahmen und keine Sonderbehandlung

Das Zwingende ist aber ohne Notwendigkeit, ebensowenig der Glaube, wenn er durch Treue ersetzt werden kann.
Das wird Abraham schon bei seinem Aufbrechen aus Ur gewußt haben, doch mußte es – von allen Verheißungen abgesehen – mit einem Blick auf Sodom endgültig geklärt werden

So beginnt die Geschichte unseres Glaubens
Ein alter Mann steht auf im Frühlicht, sattelt seinen Esel, nimmt seine beiden Diener mit und den Sohn, zieht aus und geht los, auf Gott hin, dem er an einem noch auszumachenden Ort begegnen soll. Bislang standen sie sich gegenüber, nun werden sie einander begegnen. Es sieht aus wie die Vorbereitung auf eine letzte Schlacht. Der Tag ist hell, die Luft ist klar, das Messer scharf. Was soll entschieden werden? Abraham ist entschlossen; was er denkt, liegt offen zutage, drei Tage lang. Er kennt das Land und die Wege, denn alles hier heißt wie der Ruf: Abraham! Wo immer er geht, ist alles im Kommen; wo immer er geht, geht er in Gottes Namen und in sich. Abraham, das bedeutet Vater, in allen Höhen und Niederungen des Begriffs: des Sohnes, des Glaubens und vieler Völker

Gott erwidert den Glauben wie die Liebe
Seinen Freund Abraham versucht Gott selbst, für sich; er kann's nicht lassen, ihm fehlt der Glaube Abrahams
Es ist entscheidend, sagt Gott; es ist entschieden, denkt Abraham. Er hat gegeben, er nimmt das Gegebene, wenn seine Zeit gekommen ist; er kennt die Zeit, denn sein ist der Augenblick.
Das sind die Gegebenheiten des Glaubens.
Doch auch wir müssen dürfen, um sollen zu können

Keine der Gegebenheiten ist in unserer Hand, selbst unsere Begabung nicht.
Wir haben keine Wahl, wir müssen wählen, denn dazu sind wir begabt

Ans Herz gelegt und ans Messer geliefert
Wodurch soll sich die Versuchung Abrahams so gewaltig von anderen abgehoben und ausgezeichnet haben? Ist es nicht oft genug vorgekommen, daß Menschen das ihnen Teuerste und auch ihr eigenes Leben Gott geopfert haben?
Dadurch, antwortet Rabbi Jizchak-Meir von Ger (gest. 1886), daß Gott den zu Opfernden mit jedem Wort Abraham gewichtiger ans Herz legte, teurer und schließlich unentbehrlich machte: »Nimm deinen Sohn, deinen einzigen, deinen liebsten.«
Ein Mensch gibt hin, was er hat; vieles ist ihm lieb, einiges teuer, er muß darüber nicht nachdenken, er weiß, was er vermag.
Nun aber sagt ihm Gott, was dies alles in Wahrheit ist – nicht eingebildet, nicht ausgedacht, nicht angewöhnt, sondern ausnehmend schneidig.
Gott beschreibt das Opfer, ehe er es nennt; er fordert nicht bloß, er macht deutlich und malt aus, was er verlangt. Die

Versuchung bekommt damit das Erdrückende ihrer Schwere: Gott will genau das, wofür es die Genauigkeit noch nicht gegeben hat.
Söhne hatte Abraham zwei und jeder von ihnen war seiner Mutter ihr einziger.
Und er liebte beide, wie es heißt und wie es sich gehört.
Auf die Probe gestellt, werden seine Gefühle angestachelt und auseinandergerissen.
Wer von den beiden soll es nun sein?

»Deinen Sohn, deinen einzigen, den du lieb hast, Isaak« –
er ist der von Gott ausersehene!
In dieser Klarheit wird Isaak ihm als einziger
auf sein Ende hin geschenkt.
Nun er ihm abhanden kommen soll,
weiß er genau, was er an ihm hat.
Er faßt das eben Auseinandergerissene
in einem Wort, in seiner Antwort zusammen:
»Hinneni, beni« –
»Mein Sohn bist du, selber habe ich heute dich gezeugt«

Ismael konnte verschont werden, das war Abrahams Samen: vom menschlichen Drängen Sarahs kommend, nicht von Gott. Sie wollte einen Sohn, Gott wollte ein heiliges Volk.
Ismael, von Gott gesegnet, lag nicht im Sinne Gottes.
Abraham flehte um ihn, er liebte ihn, er war ihm teuer, das hat er gesagt, das steht geschrieben

Die Wiederkehr des Anderen
Die Bindung Isaaks spitzt das Drama auf Gott und wiederum im Lichte Gottes auf die Fragwürdigkeit von Ruf und

Folgerichtigkeit zu. Das ist allerwegs spannend, aber nicht erhellend, denn es stellt das andere, nicht wuchtige, aber wichtige Drama in den Schatten. Das Drama von der Herstellung einer noch nicht dagewesenen Beziehung zwischen Gott und Mensch. Die Versuchung ist der Gipfel der Ablenkung, sie ist allerdings maßgeblich geworden. Darum ist es so schwer, von Abraham zu sprechen

Als geschenktes Kind kann Isaak genommen werden, als Sohn der Verheißung muß er zurückkehren, mit dem Vater, allein oder dereinst auf dem Esel, der, wie er selbst, bei der Rückkehr von Morijah nicht mehr genannt wird

Wo das Ermessen fehlt, ist das Angemaßte das Maß
Das Wagnis des Glaubens: Du sollst dir keine Vorstellung machen von Gott, denn du bist weder Gott noch göttlich. Abraham bildete sich Gott nicht ein.
Das Wagnis des Glaubens kam mit Abraham zur Welt und zur Anschauung. Gott sagte ihm: Brich auf, brich ab, geh und frage nicht, wohin; ich werde dir das Land zeigen, wenn du alles hinter dir gelassen hast.
Verlangt wird das Äußerste und Fernste, versprochen das Vage und nicht Naheliegende. Das Land wird sich erst zeigen, Gott sich noch vorstellen müssen. Das wiederholt sich mit dem Auftrag, Isaak zu opfern.
Tu, was ich dir sage, frage aber nicht nach dem Berg, nach dem Ort, ich nenne sie dir nicht, sie werden sich zeigen. Der Name ist schon der Fluchtweg. Die Versuchung ist die Möglichkeit des Verwechselns. Das Wagnis des Glaubens sieht dann so aus: Auf einem Berg, den ich dir weisen werde

Und Gott wollte Isaak für sich, und daß er nur ihn haben wolle, ganz unmißverständlich, offenbarte er ihm bei der Versuchung. Du darfst dich nicht irren, denn heute geht es um die letzte Entscheidung: Nimm den Erwählten, den von uns allen in Gedanken ausgetragenen Sohn, deinen in dem Sinn einzigen, denn er wird den Gott Abrahams nun sehen

Wo es nicht um Liebe geht,
gibt es nichts zu opfern

Isaak *sprach* zu Abraham, seinem Vater,
er *sprach*: Vater!
Der sprach: Hier bin ich, mein Sohn.
Er *sprach:* Da sind nun das Feuer und die Hölzer,
aber wo ist das Lamm?
Abraham sprach:
Gott ersieht sich das Lamm, mein Sohn

Dreimal setzt Isaak an, er ist verstört, er wagt die Frage nicht, die den Vater prüfen will; Vater, spricht er, und Abraham antwortet: Hier bin ich.
Da ist nun das Feuer, sagt Isaak. Er denkt an das, was auf ihm lastet, das Holz, das der Vater ihm aufbürdete. Und spricht nicht vom Messer. Er ist aufgebracht, ein Lamm würde ihn beruhigen.
Abraham spricht: Hier bin ich – immer der gleiche, vor dir wie vor Gott. Isaak wird auf Gott vertröstet, das kennt er. Diesmal wird er Gott aber zu sehen bekommen, und er wird ihn auch gesehen haben.
Er ist der einzige Erzvater, in dessen Lebensgeschichte keine Engel vorkommen

Und Gott versuchte Abraham
Wenn Gott Abraham sagt, verlasse deine Heimat und geh in ein Land, das ich dir zeigen werde, und Abraham tut es; wenn Gott ihn ruft, und er antwortet unumwunden »Hier-bin-ich«, dann ist der Glaube auf den Punkt gebracht. Was sollte noch gefehlt haben, daß Abraham versucht werden mußte?
Ist Abraham das Maß, gehört die Versuchung dazu. Ist die Versuchung aber eine Bedingung des Glaubens, was hatte es dann mit dem Glauben Abrahams auf sich, mit jenem, den Gott ihm »zur Gerechtigkeit gerechnet hatte«?
»Wehe'emin« (והאמן) ist eine Stufe, wie »lech-lecha« (לך-לך) eine war, die höchste wäre demnach Gottes »Aha!« – »Ata jadati!« – nun bin ich's gewahr geworden: Du bist Gott fürchtig.
Also ist diese »Jir'at Elohim« (יראת אלוהים) das Höchste, das Felsenfeste, die vermesserte, nicht vermessene Hand Abrahams, seine nicht zitternde Ehrfurcht – die Vollkommenheit seines Glaubens?
Schwer zu denken, denn Gott ist nie der Versucher, nur einmal ging er aus sich heraus. Das war ein gewaltiges Geschehen, der steilen Geschichte Bergsteigermut einflößend und das Motto eingebend: »Und Gott versuchte Abraham«, er selbst, für sich – einmal und nie wieder

»Und Gott versuchte Abraham« – Er riskierte viel; versagte Abraham, wie stände Er da?

Klämmerlich beklommen
Alles ist in Gottes Hand, mit einer Ausnahme: die Gottesfurcht. Der sich entfaltende, aufsteigende Mensch kann die entscheidende Tugend an sich selbst nicht erkennen, von anderen nicht unterscheiden. Er fürchtet nicht nur, er begehrt auch und glaubt zu lieben. Ihm ist alles eins. Tritt die Versuchung an ihn, stürzt er augenblicklich von allen Stufen, die er erlangte. Auf sich zurückgewiesen, bei sich verlassen, ist er nun im Letzten zu sehen, im Bloßen und Baren.
Der alles verliert, kann nur Gefallen finden

Ata jadati – ich hätte nicht geglaubt ...

Da rief ein Engel zweimal aus dem Himmel: Abraham! Abraham! schone den Knaben, denn nun ist dein Same geheiligt. Auf dem Weg hierher seid ihr Vater und Sohn gewesen, ein Herz und eine Seele, Schritt haltend und im Wort stehend. Wenn ihr nun den Weg zurücklegt, seid ihr nicht mehr Vater und Sohn, sondern ein Volk Gottes unterwegs

Die Abwesenheit ist auch die bedeutendste Kunstfigur

»Ich preise die gegenwärtige Abwesenheit, die Sehnsucht.«
   Conrad Ferdinand Meyer

Der Engel sprach zu Abraham: »Lege deine Hand nicht an den Knaben.«
Isaak blieb verschont. Abraham hob nun seine Augen, sah einen Widder und opferte ihn.
Und »also kehrte Abraham wieder zu seinen Knechten; und sie machten sich auf«, wie es bei Luther heißt, »und zogen miteinander gen Beer-seba« (22,19).

Wieso kehrte nur Abraham wieder, wo ist denn Isaak geblieben, daß er nicht mehr genannt wird? Was da nicht steht, das steht für immer aus. Was offenbleiben muß oder soll, ist ein Beschluß des Erzählers, auf höheres Geheiß.
Die Antwort der Kunst ist immer dieselbe: Es bleibt zu fragen.
Warum also, da es zu fragen bleibt, wird Isaak auf dem Rückweg von Morijah nicht genannt. Zog er dem Vater nach, ging er ihm zur Seite, hat er sich verloren.
Diese Fragen haben den Erzähler nicht interessiert, sein Thema war und blieb – die Abwesenheit; das Ausbleiben aus dem eigenen Dasein.
Ob das stimmen kann?
Solange wir die Stimme Isaaks nicht vernehmen, wird das schon stimmen.
Mit diesem Gedanken hat sich der Erzähler dieser Geschichte befaßt; beschäftigt hat ihn freilich das künstlerische Problem: wie könnten, wie sollten Vater und Sohn *nach der Bindung* in einem Atem genannt werden.
Es war ja nur die gleiche Strecke, nicht mehr derselbe Weg. Den ersten brachten sie gemeinsam und schleppend hinter sich, den anderen mußten sie aber – entlastet, doch nicht unbeschwert – Schritt für Schritt und Wort für Wort zurückerobern, drei Tage lang.
Mit diesen Vorstellungen ließ uns der Erzähler allein, nun sind wir damit auch unablässig beschäftigt. Die Lösung des Erzählers erweist sich als unübertrefflich

Ohne Zweifel kommt der Glaube nicht zu seiner Gewißheit
Ata jadati (עתה ידעת), spricht Gott – ich weiß es: Gottfürchtig bist du schon immer gewesen, nun bin ich deiner sicher, du liebst mich mehr als deinen Sohn, so bleibe es: erschütternd, unerschütterlich

Ata jadati – hier sind wir ohne Zeugen, du selbst und ich allein. Ich habe dich nicht verschont, verschone du den Knaben. Deine Nachkommen werden die Bausteine meiner Zukunft sein.
Und bröckelte der Bau auch ab, der Grundstein bliebe: Abraham und seine Liebe

Anfang ist das letzte Wort
Wenn Gott Abraham versucht, denkt sich Abraham nichts dabei. Dächte er, seine Gedanken hießen Zweifel, und er verstünde sie nicht.
Die Versuchung ist klar, die Forderung sinnlos, mit deren Erfüllung wäre alles vereitelt.
Die Geschichte verliefe anders, begänne sie also: »Und nach diesem Geschehen sprach Gott zu Abraham, nimm deinen Sohn.«
Nun liegt die Melodie in der Ankündigung, die alles vereint: Titel, Tenor und Motto:
»*Und Gott versuchte Abraham*«.
Am Glauben Abrahams offenbart sich der Wille Gottes, der Glaube ist aber nicht allein die Offenbarung des Willens. Damit Gottes Wille geschieht, genügt es nicht, daß Abraham gehorcht, geht und tut, was ihm geheißen wird. Abraham hat seinen eigenen Willen, der sich aber nicht offenbart, weil der Mensch sich nicht offenbart, schon gar nicht dem Gott. Abraham glaubt Gott mehr, als er an ihn glaubt, und er glaubt ihm, weil er bei sich etwas weiß, und weil in diesem Wissen sein Wille begründet ist. Sein Wissen ist von dieser Welt und sein Wille ist, diese Welt zu verändern.
Für die zu verändernde Welt will er der Grundstein sein.
In der Bereitschaft, als Grundstein zu dienen, fällt er auf sein Angesicht vor Gott.

Seine Sache ist begründet, somit auch die Sache Gottes, nur muß für diese Sache der Grundstein zum Prüfstein werden. Der Glaube Abrahams muß nicht geprüft werden, der Glaube reicht immer für die Geschichte eines Menschen, eines einzigen Lebens aus. Auf ihm allein läßt sich aber weder ein Volk noch eine Kirche gründen. Darum muß Gott Abraham versuchen. Versucht war nicht der Glaube, sondern seine Tragweite. Die Nähe mußte weitgehend, das Naheliegende sich ins Äußerste verlegen.

Was den Glauben Abrahams ausmacht, ist das Weitgehende; weitgehend erreicht er die gefährliche Nähe, die niemals naheliegt. Damit Gott auf ihn zugeht, muß Abraham weit gegangen sein

Vom Sohn des Propheten, der Ibrahim hieß
Ein vorgreifender Nachtrag
Muhammed hatte einen einzigen Sohn, er nannte ihn Ibrahim. Der Sohn sollte Vater sein. Doch ist Ibrahim jung an dem Tag einer Sonnenfinsternis gestorben. Es wurde heftig um ihn geklagt, und in der Sonnenfinsternis hatte man ein Zeichen gesehen. Muhammed wehrte ab: Nicht des Knaben wegen wurde Sonnenfinsternis verhängt; man klage auch nicht weiter um ihn, es sei gut so.

Die Sache Gottes sollte auf ihm allein gegründet gewesen sein.

Muhammed war der einzige Vater geblieben, Vater der Offenbarungen aller

EIN MORGEN LETZTER HAND

In Erinnerung an die hebräischen Dichter,
Jaákov Kahan, David Schimoni, Salman Schnëur,
die behutsam meine ersten Schritte im Lande Kitnamor
gelenkt haben, wo sie heute so vergessen sind
wie der Weg, den ich zu Ende säume

Ein weites Feld, zeitbedüngt

Wo du nicht bist,
da könnte es dich geben;
du gehst daneben

Es ist alles in deiner Hand,
und doch ziehst du immer den kürzeren

Nimm dich in acht,
schau dich um
und sieh dich vor,
wenn du dich
sehen kannst

*Auch das längste Leben
wiegt den Augenblick nicht auf*

Die Wanduhr läßt die Wand nicht stehen,
sie verwandelt sie

Die Momente schwinden,
es bleibt der Augenblick

Der Augenblick –
das in der Zeit Unerfüllbare,
das auch bis zum Tod nicht vergeht

Die letzte Stunde schmeckt wie das letzte Wort,
das sie für sich behält

Thales sagte, daß Leben und Tod ganz gleich seien.
Ein Anwesender fragte ihn:
»Warum stirbst du denn nicht?«
Er antwortete:
»Weil beides gleich ist.«

»Bonifatius suchte sich vor dem Schwert, das gegen ihn ausholte, zu schützen, indem er das Buch, das er trug, an seinen Kopf legte. Die Waffe tat dennoch ihr Werk an ihm. Er fiel und starb. Das Buch aber war ein theologischer Kodex gewesen.
Er wollte, sagt ein Utrechter Priester, der sich den Hergang nachmals von einer Augenzeugin erzählen ließ, im Tode geschützt werden von dem, was ihn im Leben erfreut hatte.«
Joseph Bernhart

Im Anfang war das Wort:
ausgesprochen, aufgerichtet, unantastbar:
von Anfang an in Poesie zu verwandeln
und nicht in Fleisch und Blut

Wortbetaut erwacht mein Sinn zur Sprache

Ich komme nicht in Betracht;
worthaltig bleibe ich in Sicht,
vom Ganzen abgesehen

Die Überwältigung der Sprache durch die Sachen

Im Anfang war das Wort: Es werde Licht!
Bei Licht besehen war das Wort
nicht mehr im Anfang

»Am Anfang, an ihrem Aufblühen,
muß die Sprache ein höchst anmutiges Spiel gehabt haben;
alle Organe scheinen feiner gewesen zu sein,
besonders das Ohr, auch bei Griechen und Germanen

Der große Flexionsreichtum muß spätestens schon zugleich mit dem sachlichen Sprachschatz, ja vielleicht schon früher vorhanden gewesen sein, und so wird man das Werkzeug in seiner Vollkommenheit schon vor dem Gebrauche besessen haben, so daß man schon alles Mögliche hätte sagen *können*, als man nur erst wenig zu sagen *hatte*

Erst das rauhe, geschichtliche Leben
und die Überwältigung der Sprache
durch die Sachen, durch den Gebrauch,
stumpften sie ab.«
Jacob Burckhardt

Wir bleiben hinter unserer Sprache zurück und müssen uns mit unserem Wortschatz begnügen

Leere Sätze, nur des Anspruchs voll

Steht man im Gespräch,
führt man keine Dialoge

Alles trifft sich auf halbem Weg,
so werden Ziele erreicht

Wir gewinnen Raum
und machen Platz

*Er geht, sein Leben wie einen Hund
an der Leine führend*

Er denkt,
er dächte,
und würde gern

In einer traumlosen Welt von Menschen träumend,
kommt er zur Vernunft und auf den Geschmack

Er hat die Wahl;
er spricht für sich

Mit bestem Willen ausgestattet;
mit größtem Wissen ausgerüstet;
aufgeklärt, gottähnlich, selbstherrlich –
und nur ein Mitmensch

Alles Entrinnen ist im Fluß

Das Denken muß im Fluß bleiben,
auch wenn die Gedanken dabei ertrinken

Denken – sich verjenseitigen

Ich lebe in einer Stadt,
die Ewigkeiten hervorbringt und verzehrt.
Da hat man keine Zeit, nach einem Sinn zu fragen.
Es ist hier alles von Bedeutung und felsenfest.
Bei Licht besehen, bei diesem grellen Licht,
werden Fragen nicht laut

Es ist nicht alles schlechthin
und nicht alles weither

Ob ich es bin, ob nicht,
das wird nicht hier entschieden werden.
Ich nehme alles zurück und bleibe ohne weiteres

*Ein offenes Haus,
hinter Schloß und Riegel*

Ein Dichter, innerhalb eines Außerhalb

Er treibt seine Zeilen auseinander,
offen zur Nacht

»Es lag nicht in der Art seines Schicksals,
gehört zu werden.«
Friedrich Sieburg

Der Glaube an Gott macht auch den Zweifel aus

Der Zweifel kann außer Glauben,
nicht außer Zweifel setzen

Der Glaube ist sowohl die Verteidigung
als auch die Rechtfertigung Gottes

Es trifft, was schmerzt

Zeit – das älteste Klagelied

Im Erzählen wird die Zeit so kurz wie lang

Wir sind einseitig,
aber auch jenseitig

Zeitigen – ein Ende setzen

Schöpfung und Mundwerk

Der Glaube kommt von Gott,
die Überzeugung
von der Schlange

An den Glauben
kann man sich halten,
an der Überzeugung
geht man zugrunde

»Komm in den totgesagten Park«

Mit Luther und lange nach ihm »lagert der Cherubim,
mit einem bloßen hauenden Schwert«,
den Baum des Lebens schützend –
vor dem toten Garten Eden

Bäume der Erkenntnis pflanzen wir mit eigener Hand;
Bäume des Lebens fällen wir täglich;
keine Schlange interessiert sich für uns

Mehr Wissen ist nicht mehr Licht.
Das Mehr gibt es mehrlich nicht mehr,
und mehr Wissen wäre auch nicht »mehr Licht«

Weit gegangen, hoch gekommen,
außer Frage stehen wir und wissen,
wo wir stehen und nicht, wie tief

*Der Allmacht, wie dem Zufall,
wird alles zugeschrieben*

Wo das Evangelium gepredigt wird,
da wird ein Stück Judentum erobert,
nicht überwunden

Unvorstellbar, daß Gott an Gott glaubte.
Er ist dem Glauben unzugänglich;
nur Fragwürdigkeit reicht an ihn heran

»Eine Gottheit der Treue, ohne Falsch, bewährt und gerade ist er« (5. Mose/Reden 32,4) – so in Bubers Verdeutschung; bei Luther war er schon »Gott der Treue, gerecht und fromm«; nach Abraham J. Heschel muß Gott selbst beim Glauben bleiben, denn El Emunah hieße »Gottheit des Glaubens«. Er ist nicht nur derjenige, der Glauben spendet, sondern der selbst glaubt. Also glaubt auch Gott, und wer würde auch wagen, dies zu bestreiten.
Ein Gott, der selbst nicht glaubt, kann Glauben nicht fordern. Er fordert aber nicht das Erforderliche, auch nicht das Notwendige, sondern das allseits Zwingende, denn er ist eben El Emunah, eine »Gottheit des Glaubens«.
Das ist theologisch gedacht und muß schon darum stimmen. Die tiefste Bindung ist auch die höchste Freiheit und die Erlösung schlechthin.
Das macht die Übersetzung möglich. Man freut sich darüber und fragt sich dabei, ob Gott nicht zu sehr von Übersetzern abhängig gedacht wird

In einem geistreichen Augenblick würde ich sagen: Die Übersetzung selbst ist eine ursprüngliche Quelle des Glaubens; man denke nur an ihre erste Hochleistung – die Septuaginta

Wie stark der Glaube von seiner ersten Übersetzung abhängt, lehrt uns so hinlänglich wie einprägsam das Evangelium

Übersetzungen schaffen das Übersetzbare
und den Rest, der nicht aufgeht,
aber immer kleiner wird

Christus ist nicht der Messias,
aber doch seine Übersetzung

Das sagt einiges über die Übersetzbarkeit alles Übersetzten

Franz Rosenzweig nannte das Übersetzen
»eine messianische Tat«

Übersetzungen sind vollendete Tatsachen,
was Originale nicht sein können,
solange Kommentatoren am Werk sind

Theologie – Gottes Nähe
mit fremden Augen suchen

Theologie ist mit der Übersetzung der Siebzig geboren.
Es war vorher nicht darum unmöglich, weil man das Original nicht kannte, sondern weil das Original Gott selbst war.
Das von Gott Gesprochene hatte keinen theologischen Hintergrund und keinen anderen Sinn als im Erfüllen seines Wortes, seines Anspruchs.
Theologie regt sich, wo immer das Wort Gottes an eine zweite Sprache, deren Begrifflichkeit anstrengend, ergeht.
»Denn die hebräische Sprache hat viele Wörter, die da singen, loben, preisen, ehren, freuen, betrüben heißen, da wir kaum eines haben, und sonderlich in göttlichen heiligen Sachen ist sie reich mit Worten, daß sie wohl zehn Namen hat,

da sie Gott mit nennet, da wir nichts haben als das einzige Wort Gott, daß sie wohl billig eine heilige Sprache heißen muß« (Martin Luther).

Der Hebräer hat seine Mündigkeit in Gott und führt Gott, in Gottes Namen, nicht im Munde. Das hat seinen Grund und dieser ist von Sinai her und von Abraham an: messerscharf, einschneidend und nicht zu erschüttern.
Weil man sich das alles nicht überlegen kann

Unvorstellbar, verstellt

Mit einem Schlag werden Mörder und Opfer blutsverwandt

Es ist leichter zu fassen als zu sagen,
so einfach es sich auch sagen läßt

Auch Auferstehungen gehen tödlich aus

Sünde ist die vertane Seite des Werks

*Hiob stellt einen Weg dar,
den Gott zurücklegen muß*

Das Müssen Gottes steht in seiner Macht

Der Freiheit Muß ist Gottes Antwort an Hiob

Ironie – Hochmut der Demut

Kniefällig steht der Ironiker über den Dingen

Ironisch gewordene Ironie
ist wie ein theatralisch gewordenes Theater

Die feinste Ironie, einmal erfaßt,
ist ein grober Sarkasmus

Ironie – der dünnste Streifen,
über den ein Lächeln
noch wandeln kann

*Schweigen – das unerhört Vernehmliche
eines jeden Worts*

Auch Schweigen hat seinen Fettgehalt

Das Schweigen ist heute
nur noch eine Ausrede

Ist das Stück zu Ende, war es kein Theater

Um sich etwas vornehmen zu können,
muß man es sich vorgemacht haben

Ihr habt gehört, gewiß, doch wer seid ihr?
Und wie lange kann man auch am Hören bleiben
und am Zu
hangsam
langsam

Die Augen gehen über, das Hören vergeht,
es bleibt vom Hörensagen das Geschaute

Kathedrale

Hinschauen wie Zusehen sind unermeßlich;
die Stimmen füllen den Raum,
es geschieht nichts darüber hinaus.
Gesangbücher gehen von Hand zu Hand,
Gebete werden gebrochen wie Brot.
Das Unermeßliche ist endlich, es verhallt.
Der Raum entläßt die Erfüllung,
sie geht leer aus ins Blaue

Die Kathedrale geht für die Kunst ins Feuer,
ohne Glut und Asche. Die Kirche ist verlegen,
feuerdicht hält sie sich über Wasser
und bleibt im Dorf

Die Kathedrale steigt im Namen der Kunst
in den Himmel.
Das Raumerlebnis sinkt als Kunst zu Boden.
Das Wunder ist die Phantasie des alten Glaubens

Phantasie gaukelt uns das Naheliegende vor

Wunder behalten das Mögliche bereit und in Atem

Geschichte – die aufgehende Rechnung des Verspielten

Gesündung

1

Das krankhaft befreiende Denken der Sünde;
das Abfärben der Seele auf den unteren Leib,
bei Klosterwein und Rosenkranz

Kein Gesang läuft siedend über

2

Feine Kräutchen erwecken Engel und Abt.
Frisch vom Kreuz abgenommen
wird täglich der König der Juden

Der Gang nimmt seinen täglichen Lauf.
Keine Litanei steigt über die Mauer,
kein Unrecht schreit zum Himmel

3

So geht, hinter Mauern, die Auferstehung vor sich.
Der König der Juden verschwindet von der Wand

Man wird nicht fragwürdig, ehe man geantwortet hat

Gnade – Gott wird gebeten, an den Menschen zu glauben, der nicht in der Lage ist, die Schöpfung ernst zu nehmen, die Gebote des Schöpfers zu befolgen.
Gnade – die Einsicht Gottes in die Erbärmlichkeit seines Geschöpfs.
Gnade – Gott offenbart seine Einsicht als Aussicht:
Jesus lädt die Sünden auf sich und meistert selbst allein Versagen und Unzulänglichkeit aller. Doch er begreift, wie gefährlich sein Unternehmen ist:

Käme der Verdacht nur auf, er wolle die Thora aufheben!
Sie ist es ja, die den Menschen in die Schöpfung einführen und in Zucht nehmen soll.
Gnade – Gott begreift, daß er sein Geschöpf überschätzte, und beschließt, es in Ruhe zu lassen.
Gnade – alle Menschen werden Sonntagskinder, und finden in der Kirche Ruhe; draußen sind die Tage, drinnen bleibt der jüngste

> Es gehört zur Beschaffenheit des Menschen,
> daß er sein Dasein als Bleibe nimmt
> und darum mit seinem Bleiben mehr befaßt ist
> als mit seinem Dasein

Maßlos ist das »wenig mehr«

Notenwerk und Knotenpunkt

Gott berührt nicht die Frage nach ihm

Sehnsucht ist die absolute Nähe
»Ich glaube nicht, daß die Seele an sich und ohne weiteres unsterblich ist. Aber sie kann es *werden*, wenn sie die Kraft empfängt. Wodurch empfängt sie sie? Dadurch, daß ihr etwas entgegenkommt, das sie zwingt, weiter leben zu *wollen*, durch das Erblicken eines ewigen Gutes, der Vereinigung mit Gott. Die Sehnsucht nach Gott macht die Seele ewig. Die Religion gibt ihr diese Sehnsucht ein. Wer mit dieser ins Sterben geht, hat die Kraft dazu.« Bernhard Duhm

Es kam ein Mönch aus dem Süden: Eine gewaltige Sehnsucht nach Jesus habe ihn gepackt; er müsse ihm so nahe kommen wie möglich; er wolle Jude werden.
Sein Gewand, wurde ihm gesagt, könne man ablegen, seinen Glauben wechseln, man glaube ja zu glauben; auch seinen Lebenswandel könne man ändern; seine Sehnsucht aber sei schon der halbe Himmel und eine Zelle für sich.

Auch Ketzer haben ihre Stoßgebete

Auch der Zweifel hat sein Credo

Auch der Ungläubige glaubt,
daß er nicht glaubt

Auch Widersprüche stimmen überein

Fälscher haben keine Nachahmer

Den Fälschern fehlt die Zeitgenossenschaft

Aus vielen Zeiten stammend,
gehen sie an der eigenen vorbei

Fälschungen scheitern an ihrer Genauigkeit;
das macht sie echt

Übersetzung – Eroberung und Preisgabe

Was an einer Sprache genau ist,
zeigt uns die abweichende Übersetzung

»Übersetzungen sind Eselsbrücken.
Der Esel, der Inhalt, kommt hinüber.«
Fritz Mauthner

»Willst du mir dienen, bleibe dir treu«,
sagt der Dichter zu seinem Übersetzer;
»wenn *du* zu mir kommst,
dann mußt du es auch gewesen sein«

»Die Übersetzung ist grundfalsch,
aber was Hölderlin selber zu sagen hat,
wiegt das Echt-Pindarische auf.«
Walter F. Otto

Dem Text seine Verständlichkeit aufzwingen

Die erste Fiktion der fiktionalen Literatur
ist der Leser

Seine Leser suchend, stellt sich der Text
seinen Interpreten vor

Die Deutung geht dem Lesen voraus,
wahrscheinlich auch dem Schreiben

Mit seiner ersten Deutung
kommt der Text zur Welt

Der Interpret nimmt sich
den Mund des Autors voll

Über Gewißheit
Oder:
Muhammed Ironimus

»Die Juden sagen:
›Die Christen haben keine Gewißheit‹
(für die Wahrheit ihrer Religion).
Die Christen sagen:
›Die Juden haben keine Gewißheit‹
Und doch lesen beide die Schrift«
Der Koran, 2. Sure, 107

Horchideen
Oder:
Vom Hören und vom Sagen

Auch die Mündlichkeit wird aus der Schrift geschöpft

Der Schein bewegt das Mehr
und geht in seinen Wellen unter

Was man ignoriert, kann man nicht umgehen

Verluste, die wir buchen,
sind nicht gut zu lesen

mit psalm
und ketzerwort,
bei kerzenlicht,
vor einer leeren wand

geneigt,
gebeugt
worüber

ich denke mir,
bei mir,
vor mich hin

von alters her
zum alter hin

vom roten meer
zum toten

noch gibt es mich

es ist mir neu

Komme ich zu mir, wer öffnet mir dann

Ich warte auf niemand, niemand kündet sich an, ich bin allein, doch aller Fülle teilhaft. Jegliche Gemeinschaft, mit dieser Einsamkeit verglichen, ist Verlassenheit. Die Luft um mich her ist das Kompendium des Glücks. Bin ich allein? Wo fände sich ein Wort für solche Vielsamkeit?
Nach Annette Kolb

Was Jahre nicht vermögen,
besorgt das Alter

Bibliographisch-seraphisch

Die Nächte bringen mich um die Tage,
die Bücher saugen das Licht meiner Augen:
Sie haben nichts davon, ich habe nichts von ihnen.
Buchstaben tanzen wie Mäuse über meinen Tisch.
Sie fressen aus meiner Hand salomonische Bröckchen.
Manche ersticken daran,
manche sehen das große Licht
steigen aus einer alten Scharteke.
Mancher Buchstabe bleibt bei mir,
aus Treue, in Erwartung:
Es kommt vielleicht noch ein Satz vorbei und
trägt ihn fort.
Heilige Bücher, hebräische, weite Wege gegangen
und nun aus dem Leim.
Wohin trug mich die Sehnsucht,
wohin ging mein Leben,
als ich mich wähnte,
über Gott gebeugt

Ich bin schon Gast in meines Vaters Alphabet
»in der Hofsprache des Himmels,
ich meine die hebräische,
mit Feuer am Himmel geschrieben«.
Lichtenberg

Wie alt muß das Bleibende werden,
um bleibend geblieben zu sein

Aus Staub und Schimmel west heran,
was unter der Sonne nie verwüstet.
Millionenfach angekratzt
klebt die Zeit an Felsen

Einst ging ein Atem über die Welt,
Ruach Elohim;
nun müssen wir Atem holen
wie Wasser

Der Flüsse Dunkelwerden
begrenzt den Hirtentag –

»Wasserläufe, das letzte, was erlischt nach
Sonnenuntergang.
Ein schönes Ende, alles Licht des Tages sammelt sich dort.
So müßte es mit unserem letzten Gedanken sein.«
Hugo von Hofmannsthal

»Ich spreche im Nebel, nicht aus dem Schlaf.
Gott reißt mir den Tod aus dem Leib«,
sprach Else Gottlieb, meine Mutter, sterbend,
am 6. Juni 2001

Flaschenpost

»Mache dir nicht eine Fähre aus dem Fluß«
Das Weisheitsbuch des Amenemope

»Aus welchem Lande bist du, und von welchem Volk?« fragen die Seeleute den Jona.
»Ich bin ein Hebräer und fürchte den Herrn, den Gott des Himmels, welcher gemacht hat das Meer und das Trokkene.«
»Was hast du denn verübt?«
»Ich fliehe vor Gott, vor meinem Auftrag und Vermögen.«
»Warum tust du denn solches? Und was sollen wir mit dir tun, daß uns das Meer still werde?«
»Nehmt mich und werft mich ins Meer.«

Das Los traf auf ihn, und trefflich hat er gesprochen.
Was hat er aber Verständliches gesagt?
»Sind alle Hebräer so«, müssen die Seeleute sich gefragt haben, »fliehen sie alle vor Gott?«

Die Tatsachen sprachen auch dieses Mal für sich, das Meer ist still geworden für die nächste Stunde, und nicht für Jona, was wiederum bestätigt, daß die Tatsachen immer feststehen, die Gegebenheiten aber nicht.
Daß man Verständnis für einen Menschen aufbringt, dessen Sache man nicht begreift, bedeutet nur, daß man ihn von Herzen bedauert.
Daß Jona den Fremden ungefragt das Wichtigste beichtete, nämlich, »daß er vor dem Herrn floh«, verwundert uns nicht, die Art der Mitteilung aber: Die zusätzliche, aber unentbehrliche Information durchbricht den durchgehenden Dialog, und wird schnell eingeklammert:

»Da fürchteten sich die Leute sehr und sprachen zu ihm: Warum hast du denn solches getan? Denn sie wußten, daß er vor dem Herrn floh; denn er hatte es ihnen gesagt.«

Daß man gerade dem Fremden das Wichtigste beichtet, kennen wir. Im Falle Jona dürfen wir eines aber nicht übersehen: Mochte er mit etwas auch gerechnet haben, so kaum mit Wundern. Demnach waren die Seeleute die letzten Menschen, die er im Leben zu sehen glaubte, und seine Beichte sollte seine letzte hinterlassene Spur gewesen sein, die Flaschenpost des vor Gott geflohenen, ins Meer geworfenen Propheten. Die Seeleute, dachte er, würden diese seltsame Geschichte behalten und getreu überliefern. Das haben sie

UM EINIGE ECKEN HERUM

»Der Schnabel der Ibis
ist der Finger des Schreibers«
Das Weisheitsbuch des Amenemope

*»Im Anfang war das Wort
und kein Anfang.«*
Sahadutha

»Dann kam die Epoche der brutalen Vollständigkeit,
ohne jeden Leichtsinn der Attraktion.«
Oscar Bie

»Er liebte es, die Ordnung der Worte
zu brutalisieren.«
Paul Valéry

Wäre ich kein Aphoristiker,
ich hätte viel zu sagen

Er kommt nicht aus dem Fragen heraus, so sehr fürchtet er die Antwort
Alles hat seine Zeit, nur er, weil er gehen muß, ist allerwegs im Kommen.
Er nimmt seine Zeit in die Länge, als wäre er ihre Ausdauer, ihre Dehnbarkeit.
Er kann von ihr nicht ausbleiben, ihrer auch nicht innewerden.
Es ist alles Lebenszeit, der Tod nicht inbegriffen, wiewohl auf Zeit

»Ein Philosoph muß von sich selbst reden, so gut wie ein lyrischer Dichter«, sagte Friedrich Schlegel. Doch die ältesten Denker in Hellas sind nicht umsonst die Zeitgenossen gerade der Lyriker; sie reden erstaunlich viel von sich selbst und treiben einen ganz unhellenischen Geistesheroenkult und wühlen in ihrer Seele.« »Ich habe mich selbst erforscht.« »Dem Menschen ist sein Sinn sein Gott.« »Der Seele Grenzen kannst du nicht herausfinden und ob du jegliche Straße abschrittest; so tiefen Grund hat sie.« Neben diesen Zaubersprüchen Heraklits klingen fast schal die Romantikerworte: »Die Tiefen unseres Geistes kennen wir nicht.« »Das größte Geheimnis ist der Mensch sich selbst.« Karl Joel

Aphoristik ist keine Gattung unter anderen, sondern zwischen anderen; sie eignet sich von allen etwas an; im »Er-Aphorismus« sogar »Epik«. Im epischen Kern ist das »Er« gerettet; der Aphorismus wird zu einer Einsatzgeschichte. Davon abgesehen, ist »Er« eine übermütige Form von Feigheit; die nichtvornehme Art, von sich zu sprechen

Das Buch mit einem Wort ein- und auszuläuten:
Darüber dachte er nach, darauf hoffte er,
daran ging er zugrunde

Er mochte seine Gedanken
nicht in Gesellschaft vieler Wörter sehen.
Aus einer Wurzel, aus einer Wortwurzel –
ein Baum der Erkenntnis und des Lebens.
Die feinnervige, minnige Minerva
hatte es ihm angetan.
Mit einem Wort brachte er's zum Buch,
nicht auf den Markt.
Die Druckkosten wären zu hoch, die Bereitschaft,
ihm sein Wort abzunehmen, zu gering.
Wie man sich die Freiheit nimmt, zu sagen,
was sich nicht gehört,

nahm er sich das Leben, das ihm nicht gehörte.
Für seinen Nachlaß sah er den Titel vor:
Minervas Nerv und ihr Kitzel

ErIch
»Bald konnte er archaisch lapidar schreiben,
bald war er der Neueste.
Dann ist er schwebend, unstet, zaghaft, vieldeutig,
fein bis zur Schmerzhaftigkeit, sehnsüchtig
und daher sprachlich dem Eros verpflichtet,
meist nervös, eilig, und da seine Klänge
spitz sind und schrill,
verehrt er mit Recht die Zikaden«
Ferdinand Lion

Greislauf
In jeder Literaturgattung entwickelt sich das Bekenntnis durch alle Farben, bis endlich die eine erglüht und alle anderen aus dem Blickfeld schlägt.
Wo sind aber die Farben für den Aphorismus zu holen?
Allein für »Rot und Schwarz« muß ein ganzer Roman herhalten

Aphoristik als Geistesart ist zwischen Aristokratie und Namenlosigkeit angesiedelt

Unter der kahl und hoch gewordenen Stirn
schien er lauter Geist zu sein,
grausam und allwissend:
ein Greis mit unbestechlichen Falten

>»Der Greis hat keine Wünsche;
am Ort, der von Wünschen leer steht,
lassen sich die Erinnerungen nieder«
Carl J. Burckhardt

Man kommt nicht zur Sache, ehe man sich beseitigt hat; wer ist es dann aber, der zur Sache kommt

Verfolgungen haben ihre Verfolgerichtigkeit

Daß wir einen Gedanken verfolgen, bedeutet, daß wir alles, was uns sonst noch durch den Kopf geht, ausschalten. Daß wir das tun, ist zu bedauern.
Haben wir den Gedanken zu Ende verfolgt oder auf halbem Weg eingeholt, stellen wir fest, daß wir die zu ihm gehörige Landschaft hinter uns gelassen und aus den Augen verloren haben. An allem vorbei, sind wir ans Ziel gelangt

Warum soll ein Gedanke aber verfolgt werden. Gingen wir ihm nach, es würde auch nichts ändern. Was uns durch den Kopf geht, ist gut für den Kopf und reicht fürs Denken aus. Es sind nicht nur Gedanken, die uns durch den Kopf gehen

Ich will meinen Gedanken begegnen, ihnen ins Gesicht schauen, wenn sie erwachen oder einschlafen, will ihnen nicht nachjagen, sie nicht nur von hinten betrachten.
Es ist mein Gewinn, von dem ich allerdings niemand überzeugen kann, da es viel leichter einzusehen ist, daß ich dabei jedes Rennen verliere. Doch ich verliere nicht, ich ziehe nur den kürzeren, wie es einem Aphoristiker geziemt.
Der Aphorismus ist kurz und nicht geläufig, hat aber in sich alle Eigenschaften von Zenons Schildkröte

Gedanken werden gepflügt und müssen auch gedüngt werden. Ein Teil dessen, was uns durch den Kopf geht, ist Dung. Der Gedanke übt seine Macht ohne Herrlichkeit aus

Der Satz steht in den Sternen, die Zeile im Fluß

Man weiß immer weniger, was man mit dem Wenigen gesagt haben will, doch wird man genauer, wenn man weiß, wovon die Rede ist; allein: hat man damit weniger gesagt oder mehr

Verschreibt man sich dem Gedicht, hat man sich der Zeile verpflichtet, nicht darum auch schon der Kürze. Die Zeile kann einen langen Umweg zum Satz bedeuten. Die Zeile meidet die harte Landung im Gedanken

Die Sprache will – in Gottes Namen –, daß auch kleine Geister große Worte sprechen. Worte haben wie Bücher ihr Schicksal, aber auch den Mund, der sie formt. Allein schriftlich fixiert, könnten Wörter nicht überleben. Was sie sich einverleiben, das wurde ihnen eingehaucht. Was man »zwischen den Zeilen« liest, ist das Mündliche. Taucht es im Text nicht auf, taugt auch der Text nicht

»Jesus spricht von einem Boot aus, weil die Stimme auf dem Wasser lauter klingt. In der Bergpredigt gibt es Worte, die in der Ebene gar nicht ausgesprochen werden können.«
                                                                Dmitri Mereschkowski

Wenn die ersten Buchstaben den Gaumen erreicht, die Wörter sich mit dem Augenlicht vermischt haben, beginnt man mit dem eigenen Rhythmus zu lesen, immer unbekümmerter. Dazu muß man nicht angeleitet werden, der Sinn ergibt sich aus dem Rhythmus, mit ihm erwacht man, wird alle Richtungen gewahr, alles Gehen wird ein Entgegengehen. Mit der Sprache wird man ins Leben hineingewirbelt, man erobert den Tag, Schritt um Schritt, mit einer Melodie gewordenen Sprache, die das Herz umgarnt und immer weiter nach sich zieht

Sätze werden ein- und ausgeatmet. Wer sein Lied vom Satz zu singen weiß, ist jemand geworden – ohne Strich und Punkt

Im ersten Aphorismus ist Kürze Thema und Vollzug

Ob ein Satz kurz ist oder lang, darüber entscheidet seine Auslegung.
Das dafür klassische Beispiel ist Maimonides' Kommentar zu den Aphorismen des Hippokrates, besonders zum ersten, mit dem er, Hippokrates, ohne es beabsichtigt zu haben, Gründer einer Literaturgattung geworden ist.
Der erste Aphorismus ist auch schon seine Definition; er ist heilkundige, nüchterne Diagnose; Quintessenz und Programm. Seine Nachwirkungen reichen bis heute und in das Morgen hinein – ein nie versiegendes Lebenslied, wiegend und wogend; in allen Kultursprachen nachgeschnitten, holzgeschnitten, bleifrei, quecksilbrig: Vita brevis, ars longa; hajom kazar, hamelacha merubah.
Täglich erwacht man zu diesem Satz, zum ersten Aphorismus, der Auftakt und Schlußfolgerung, Verzagen und Verzögern in sich vereint.
»Das Leben ist kurz, die Kunst lang, die Gelegenheit flüchtig ...« Am Ende des Tages, weiß jeder: Es geht nicht um die Länge. Der Tag, wie immer er verläuft, das Leben, wie im-

mer es sich abspielt, sie sind nicht verlängerungsbedürftig, sie haben ihren Rhythmus, der sein Ende nimmt, wie eingegeben. Auch das Ende muß seinen Anfang nehmen. Erwartungen drängen, Hoffnung läßt auf sich warten. Es geht im Satz wie im Leben nicht um kurz oder lang, sondern um Fülle und Armut. Auch Kürze kann hinlänglich sein

Maimonides zeigt, was der Satz alles enthalten darf, aber auch, was er in jedem Fall enthalten muß, um das gesagt zu haben, was mit einem Satz zur Sprache kommen will

»Das Leben ist kurz, die Kunst lang«, sprechen die Wimpern, der Augapfel, der Blick, dem Mund vorgreifend. Der erste Aphorismus ist die Übersetzung des ersten Augenaufschlags. Der Tag wird dann mit jedem Schritt um seine Länge kommen. Weil alles in die Länge gehen will, gibt es nur verkürzte Längen. Was in die Länge geht, verliert seine Spur

Kürze ist Willkür, Askese, Messerschneide

Die Kürze des Satzes ist die Beschneidung
des Wortes und einschneidend heilig

Niemand als Maimonides wäre in der Lage, einen so majestätischen Satz, wie den ersten des Hippokrates, zu schreiben. Bei ihm ist kein Wort ohne Fülle, kein Satz ohne Schlankheit: »Was ich in ein Wort hineinlegen kann, das mag ich nicht mit zwei Worten auslegen.« »Das versteht sich«, heißt es wiederholt in seinem Kommentar zu den Aphorismen, als Kommentar. Vielfalt muß nicht geschachtelt werden

Wo es um satzhafte Einsilbigkeit geht, zählen die Seiten nicht. Wo noch die Sätze ihre Wörter in Erwägung ziehen und – ihre Tragweite prüfend – in Umlauf bringen, kommt es auf die Menge nicht an. Satz um Satz erlangt Aphoristik die Schlankheit ihrer Idee

Mit einem Satz einen großen Gedanken eingefangen, auf den Punkt gebracht und in Gold gefaßt. Ein geglückter Aphorismus ist ein unmittelbar beglückender.
Der Aphoristiker – der einsilbige Goldschmied

Das Problem des Aphorismus ist nicht das Fehlen einer Gattungsorientierung, sondern das einer Hörsicht

»Mit dem Eintreten des einzelnen großen Dichters in die Geschichte ist dann auch gegeben, daß die Gattungen selber allerlei Veränderungen erfahren haben.
Die wichtigste darunter ist, daß es zu Mischungen verschiedener Gattungen gekommen ist.« Hermann Gunkel

Auf den Punkt gebracht, und nicht zu Wort gekommen

Aphorismen finden nur als Nebenzweig, Fallobst oder Zittergras gelinde Aufmerksamkeit

Der Aphorismus ist immer so klein oder so groß wie der blinde Fleck einer deutschen Literaturgeschichte, eines deutschen Lexikons.
Was nicht in die Breite geht, wird nicht zu Ansehen kommen

Man muß nicht Gustav Frenssen heißen, aber seinen Jörn Uhl geschrieben haben, um für seine Gedanken, und wären sie noch so wertlos, einen Platz in einer deutschen Literaturgeschichte reserviert zu bekommen.

Aphorismen eines Nur-Aphoristikers sind Brocken, die unter den Tisch fallen, gut für Gockel und Pickbock.

Wer sich dem Aphorismus verschreibt, der hat sich verschrieben

Der Aphorismus kann sich durchschlagen, nicht durchsetzen. Er spielt keine Rolle, und die ihn verfertigen, sind nicht im Gespräch, als würden sie nicht zur Literatur gehören. Nun, gehören sie?

Ob übergangen, ob überrollt, gleichviel

Was Literatur ist, daß Literatur sei, bestimmen Autor und Leser

Aphorismen sind nicht zum Lesen, sind keine Lektüre, sie schlagen ein, werfen um, reizen auf, schmettern nieder. Wenn das nur stimmte, wenn auch nur das!

Zum Lesen gibt es an einem Aphorismus nichts. Einmal mit den Augen darüber gefahren, schon ist man über die Grenze, am Fuße der Alpen

Wer hat schon die Kraft und wer die Geduld für einen einzigen, sich anmaßenden Satz. Aphorismen haben keine Leser, weil Aphoristiker keine Bücher schreiben

Was das Buch ausmacht, ist nicht Umbruch, Druck und Einband, sondern daß man es lesen kann und es gelesen wird. Begabt genug, sich vieles einfallen zu lassen, sind Aphoristiker selten dazu fähig, Satz um Satz hervorzubringen, Satz für Satz mit Sinn zu füllen. So ist auch ihr Reichtum ein Armutszeugnis

Der Ehrgeiz des Aphoristikers geht dahin, mit jedem Satz ein Buch ersetzen zu wollen, überflüssig zu machen; im Namen des für sich stehenden Satzes setzt er sich vom Buch ab. Jeder Satz wäre demnach schon ein Buch, ein Satzbuch, die Riesenbibliothek eines Glühwürmchens.
Schlagfertige, um sich schlagende Sätze, schlagen aber nicht zu Buche

Ist ein Aphoristiker, der viele Bücher ersetzen, verdrängen, ungeschrieben machen will, nicht selbst auch ein Feind der Literatur? Verdient er die Ehre, die er anderen abspricht?

Jeder Satz ein Schlageinfall

Aphorismenbände sind zum Aufschlagen, nicht zum Lesen, und sie erzeugen nicht, was sie sollten: die Lust am Wort; das Denken Satz um Satz

Das Denken ist ein Gestrüpp, die Denkwege sind heillos überwuchert. Sich kurz fassen ist eine Sache, nicht umständlich denken eine andere. Sätze haben auf alles gefaßt zu sein und anschlußfähig zu bleiben

Wörter müssen füreinander da sein: Wort für Wort. Aus dem
Dickicht treten dicke Bücher und walzen die Wörter platt:
Der Sprache wird das Mitspracherecht entzogen

Die beste Aufklärung – Einsicht gewähren in sich

In seinen Tagebüchern spricht Kierkegaard von einem »Aufstand der Worte, der gefährlicher ist als alles«. Die Worte, aus Verzweiflung über die Herrschaft des Menschen, stürzen sich aufeinander, um sich von dieser Herrschaft loszureißen. Das Verzweifeln der Worte ist die körperliche Erfahrung des Aphoristikers; sie drückt gleichsam eine Krise der Erkenntnis aus, die mit Haut und Haar nur von Dichtern begriffen wird. Dichter haben die Fähigkeit, gegen sich zu denken. Das gibt ihnen den Vorrang im Reich der Wörter. Der Aufstand der Worte findet ja in keinem Mund statt. Darum sagt Novalis auch: »Man kann die Poesie nicht gering genug schätzen.« Sprachbedingte Einsichten lassen sich von keiner Anschauung bestätigen. Ein Wort gibt das andere: So entsteht die Gegebenheit, die von keiner Tatsache anerkannt werden will

Auch ein Dennoch hat seine Aber

Auf Vieldeutigkeit bildet man sich viel ein, aber auch Eindeutigkeit ist nur gedeutet. Einbildungen sind nicht handfest, aber griffig. Also steht auch Vieldeutigkeit im Wort

»Ein Titel kann eindeutig und vieldeutig sein, darf aber nicht Kommentar werden.«   Emanuel von Bodman

Einfälle gehen ohne Rechnung auf. Es ist nicht gesagt, daß Andeutungen kürzer sind als Deutungen. Auch ist es besser »über wichtige Gegenstände ziemlich weitläufig zu sein als nur ein bißchen unverständlich« (E. A. Poe)

»Es ist unmöglich, sich präzise auszudrücken, ohne unklar zu werden, wenn man die Zahl der Wörter und der Sätze auf ein Minimum reduzieren soll.« Paul Valéry

Stiefbruder in Apoll

»Apollon, nicht Dionysos, begeistert den Seher
und die Sibylle
zu hellseherischem Wahnsinn.
Und die Ekstase weckende Flötenmusik,
nicht die Kithara des Gottes,
herrscht in seinem delphischen Kultus«
Ulrich von Wilamowitz-Möllendorff

»Die Kunst wirkt eben noch im Exzerpt, in der Kontur,
in der bloßen Andeutung, ja noch sehr stark im Fragment,
seien es Skulpturen oder Stücke von Melodien«
Jacob Burckhardt

»Aber Apoll, der nicht verschweigt und nicht sagt,
sondern andeutet,
wird nicht mehr verehrt«
Friedrich Schlegel

Man macht aus sich, was man kann, klug aus sich wird niemand

Und geht es auch Schlag auf Schlag, und hat man auch die Lacher auf seiner Seite, wie lange kann man lachen? Selbst der Witz verträgt die Lacher nicht, wenn sie sich nicht kugeln. Kugelwitze sind aber auch schon etwas mehr als brillante Aphorismen. Wobei man doch nicht fragt, wenn man sich gekugelt hat, was ein Witz wohl sei. Was aber ist ein Aphorismus? Man kann nicht einmal sagen, was er nicht ist. Ein deutscher Satz ist schon eine Chinesische Mauer

Sprüche der Väter

Die Geschichte, die mir in früher Jugend Eindruck machte, steht in den *Sprüchen der Väter* 2, 10–14. Sie endet allerdings woanders, und tragisch genug, doch hier soll nur von Anfängen die Rede sein.
»Fünf Schüler«, so wird berichtet, »hatte Rabban Jochanan, Sohn des Sakkai, und diese sind es: Rabbi Elieser, Sohn des Hyrkanos, Rabbi Josua, Sohn des Chananja, Josse haKohen – der Priester, Rabbi Simon, Sohn des Nethanel, und Rabbi Elazar, Sohn des Arach.«
Das sind die fünf mit ihren Namen und der Väter Namen. Alles was zählt und später wiegen soll, hat seine Deckung im Namen. Fünf Schüler, die Väter geworden sind und Säulen der Lehre werden sollten, hatte Rabbi Jochanan, der Größte seiner Zeit, von dem die Zukunft Israels und seine Lehre abhing, in seinem autorisierenden Blick, geprüfte Säulen der Überlieferung, Eckpfeiler.
Die Namen nehmen einen ganzen Absatz in Anspruch, das hat seine Majestät und erinnert an Marc Aurels *Selbstbetrach-*

tungen, deren Anfang aus lauter Namen besteht, an die er den Dank seines Daseins knüpft

Es folgt eine Kurzcharakteristik der fünf Schüler:
»Er – Rabbi Jochanan – zählte ihre Vorzüge auf: Rabbi Elieser, Sohn des Hyrkanos, ist eine verkalkte Zisterne, die keinen Tropfen verliert. Rabbi Jose, Sohn des Chananja: Heil der, die ihn geboren. Rabbi Jose, der Priester, ist ein hervorragend Frommer. Rabbi Simon, Sohn des Nethanel, ist ängstlich gewissenhaft, und Rabbi Elazar, Sohn des Arach, ist wie ein sich stets verstärkender Quell.«
Der Meister kennt seine Schüler, erkennt sie im Wesen. Das Wesen wird mit einem Wort erschlossen und meist in ein Bild gesetzt.
Fünf Schüler, Vorzugsschüler hatte Rabbi Jochanan, und nun hatte er sie charakterisiert – von ihrem Wesen her.
Der Meister hat aber seine Neigung – schon im Sinn der unmittelbaren Nachfolge – und macht seinen Favoriten bekannt:
»Er pflegte zu sagen: Wenn alle Weisen Jisraels auf einer Waagschale wären und Elieser, Sohn des Hyrkanos, auf der andern, würde dieser sie alle aufwiegen. Abba Schaul sagt in seinem Namen: Wenn alle Weisen Jisraels in einer Waagschale wären und Elieser, Sohn des Hyrkanos auch mit ihnen, und Elazar, Sohn des Arach, in der anderen, würde dieser sie alle aufwiegen.«
Nun werden die Schüler geprüft, jeder gibt seine Antwort auf die Lebensfrage, die der Meister stellt. Mit ihren Sprüchen charakterisieren sie sich selbst, die Sprüche weisen sie zugleich als Väter aus, denn mit ihnen kommen sie nun auch in den Sprüchen der Väter zu stehen.
»Er sagte zu ihnen: Gehet hinaus und sehet, welches der gute Weg ist, dem sich der Mensch fest und innig anschließen soll.

Rabbi Elieser sagt: Ein gutes Auge. Rabbi Josua sagt: Ein guter Gefährte zu sein. Rabbi Josse sagt: Ein guter Bürger zu sein. Rabbi Simon sagt: Das Werdende vorauszusehen. Rabbi Elazar sagt: Ein gutes Herz.
Er sagte nun zu ihnen: Ich finde richtiger die Worte des Rabbi Elazar, Sohn des Arach, als eure, denn in seinen Worten sind eure Worte enthalten.«
Die Frage wird im nachfolgenden Absatz variiert, sie ist für uns hier nicht mehr interessant; interessant für den Jüngling von damals war die Feststellung, daß auch auf höchster Ebene eine wichtige Frage fünffach beantwortet wird, wobei jede Antwort für sich steht und für den, der sie gibt; vor dem Meister bestehen, Gültigkeit also beanspruchen, kann aber nur eine. Doch nicht, weil sie die bessere ist – eine wird immer die bessere sein –, sondern weil sie alle enthält.
Antworten und Charakteristiken in diesem Zusammenhang haben immer etwas »Chinesisches« an sich, es geht hier also nicht um geistreich oder scharfsinnig.
Eine Frage wird gestellt, Antworten werden geliefert, der Rest liegt bei uns.
Was aber stehenbleibt ist das Fünffache der Antwort und daß nur die eine Geltung hat, weil sie alle fünf enthält

Die Seite, der Satz, der Einsatz, die Zeile

Die Leere einer Seite ist der Glanz, den sie nach und nach verliert. Sätze fallen nicht auf, mitunter springt einer ins Auge. Die Zeile ist der Schmelz des Satzes. Ein Satz auf dem Sprung, das ist der EinSatz. Der EinSatz nimmt die Seite für sich ein und verhindert das »Bitte wenden«.

Mit einem Satz beim Wort angelangt

In den Satz hineinschlüpfend,
entzieht sich das Wort meinem Zugriff

Der Satz ist die Muschel des Wortes

Der Einsatz –
die Mündigkeit
des Einsilbigen

Der Spruch
bringt den Satz
aus der Fassung

Aphorismus –
eine prosaselige
Gedichtzeile

Geschrieben und sich dabei gedacht
Man schreibt und denkt sich etwas dabei – das sich breit macht oder gar nicht hineinkommt. Was man sich »dabei denkt«, gehört nicht zur Sache, macht aber vieles aus. Wie weit reicht unser Verständnis des Geschriebenen, wenn wir das Dabeigedachte außer acht lassen?
Was wir uns dabei gedacht haben, als wir zu denken glaubten, das glauben wir nach wie vor zu wissen, daher: »ich meinte damit«, »es sollte, müßte heißen«, »ich hatte die Vorstellung, die Erinnerung, den Wunsch …«, »es sei im Sinne von …«, »ursprünglich, nebenbei …«.
Je weniger wir von uns wissen, desto mehr geben wir zu verstehen.

Die Grenze steht fest, liegt nah, Konsequenzen werden in die Leere gezogen, es gibt kein Darüberhinaus.
Was wir bei uns wissen, das wissen wir nicht bei anderen.
Meinungen sind keine Aphorismen, sie stechen vom Gedanken ab.
Gedacht – vollbracht

Die Stimme des Alters
Seneca war nicht eigentlich alt, als er seine Briefe schrieb, und sie bewähren sich in der Stimme seiner Bücher bis heute. Er hat an sich etwas Frisches, Belebendes, ins Dasein Rufendes.
Während ich mir sage, ich könnte ihn heute nicht mehr lesen, greift meine Hand nach ihm, wie im Traum. Der Autor ist hin, der Verführer immer noch da, auch wenn es an mir nichts mehr zu verführen gibt.
Ich kann Seneca nicht erwähnen, ohne an Montaigne zu denken; das sind so süße Augenblicke der Jugend, verführend, abenteuerisch: Man rückt unmittelbar einer hohen Gesellschaft nah, befindet sich unter Geistern, die es verstehen, unauffällig kunstreiche Selbstgespräche zu führen, nicht anmaßend – maßgeblich.
Sie sind die Welt, in dieser wollte ich aufgewacht und aufgewachsen sein.
Das wäre ein gutes Beispiel für das Verkehrte in meinem Leben.
Obwohl auf Erziehung bedacht, war das Schreiben Senecas von Grund auf doch ein »Altersschreiben«, zum Trost des Alters und des allmählich aus dem Leben Scheidenden.
Wer sich dem Leben nur in der Betrachtung verbindet, wird, wenn die Zeit gekommen ist, die Bande leicht lösen können; wer auf den Grund seines Lebens kommt, wird seinen Boden

verlassen können; wer also in Weisheit lebt, der versteht es auch, in Anstand zu sterben.
Jetzt sollte bei mir Senecas Zeit angebrochen sein, und siehe: Sie ist vorbei

Die Wahl, die man trifft, sagt nichts über ihre Vortrefflichkeit aus
Meine große Liebe war die hebräische Sprache, meine Geliebte ist die deutsche geworden; die Liebe erwies sich als teilbar.
Das an mir immer jung Bleibende ist mein Deutsch, mein Hebräisch weicht mühsam dem Alter.
Die deutsche Sprache paßte sich mir an, doch habe ich nicht das Gefühl, ich hätte sie judaisiert: Sie ist dieselbe geblieben, die Mendelssohn, Kraus, Lasker-Schüler und Kafka geliebt haben – aus keinem anderen Grund als aus ihrem eigenen, jüdischen.
Mir ist, als würde die eine Hälfte meiner Person für die andere Hälfte schreiben, ein Leben lang, das halbe Leben, das Halbe der einen Hälfte, die Hälfte eines Halben, halbhälft, hälfthalb

Mein Großvater Kohelet, wie ihn der junge Theodor Nöldecke erlebte
»Die hebräische Sprache war wenig geeignet, Feinheiten eines mehr philosophischen Gedankenganges auszudrücken; es fehlte da an feinen Partikeln, die das Verhältnis der einzelnen Sätze zueinander andeuteten, und an manchen anderen Erleichterungen einer abstrakten Darstellung, wie sie der griechischen und deutschen Sprache in so reicher Fülle zu Gebote stehen.

Zu einer ebenmäßigen Entwicklung seiner Gedanken fehlte Kohelet auch die innere Ruhe. So bleibt denn eine allerdings im Ganzen prosaische Form, welche aber in der Unruhe des Ausdrucks, in der größten Selbständigkeit der einzelnen Absätze, oft auch in der spruchmäßigen, konkreten Ausdrucksweise an die Spruchpoesie erinnert. Einige Abschnitte enthalten wirklich ganze Spruchreihen. Der Parallelismus der Gedanken und Worte, das Hauptzeichen hebräischer Dichtung, erscheint nur selten, aber die konkrete und energische Ausdrucksweise hebt sich doch mitunter zu wirklicher Poesie. Namentlich ist in dieser Hinsicht der Anfang des Buches hervorzuheben. Nicht so poetisch kann ich die etwas zu weit ausgesponnene Allegorie finden (12,3 f.), wenn auch gerade der Eindruck dieses ganzen Abschnittes ein entschieden ergreifender ist.«

Bitachon – Zuversicht
Kohelets Stimme ist, bei aller Gefaßtheit, eine schon gebrochene, man staunt darum, just bei ihm, einzig bei ihm, das Wort *bitachon* – Sicherheit, Zuversicht – zu finden (9,4):
Ki mi aschar jechubar el kol-hachajim jesch bitachon:
»Denn wer allen Lebendigen zugesellt ist, da gibt's eine Sicherheit.«
Es geht um die Verbindung mit dem Lebensganzen, die er nun locker werden sieht.
Ohne Voraussicht und Vorwegnahme, das Geheimnis der Autorität umschreibend, bäumt er sich auf: »Ich – Kohelet – bin König gewesen – über Israel – in Jerusalem.«
Die Sprüche Salomos sind repräsentativ, die Worte Kohelets nicht.
Salomo bleibt König und Weiser, Kohelet anonym und ungewiß.

Spruchweisheit nimmt sich wichtig, Aphoristik gibt sich *ich-tig*:
»Ich sprach in meinem Herzen, siehe, ich bin herrlich geworden ...« (1,16)
»... ich habe erkannt, ja denn, alles ...« (3,14)
»... und ich wieder, ich sah allerhand ...« (4,1)
»Alles das habe ich erprobt« (7, 23)
»Da finde ich, bitterer als den Tod, ein Weib« (7,26)
»Dieses bloß, sieh, habe ich gefunden ...« (7,29)
»Ja denn, all dies gab meinem Herzen ich ein« (8,9)
»Da habe ich, ich, gesprochen: Besser ist ...« (9,16)
Kohelet, das ist die Geburt des »Ich« in der Literatur, damit hängt auch die Gebrochenheit seiner so eindringlichen Stimme zusammen.
Den Boden unter den Füßen verloren, sucht er nach dem Grund.
Der Aphoristiker beginnt an dem Punkt, wo er mit seiner Weisheit am Ende ist.
Er ist kein Weiser mehr, ist auch kein Wegweiser

»Die Seele wird vom Weisen
durch das Wort Gottes gereinigt«
Die Sprüche des Sextus

»Die Wissenschaft hat gesprochen,
die Weisheit hat von nun ab zu lernen«
Edmund Husserl

Aphorismen – in Antwort gestellte Fragen

»Haben Sie eigentlich je ein Fragezeichen gesetzt?«
Katharine Heyden

»Pädagogisch hat F. auf mich gewirkt,
indem er mir sagte, daß ich die Gewohnheit hätte,
mehr Kommas zu setzen als Worte zu schreiben.«
Carl J. Burckhardt

Denkt man in Fragen, ist es Zeichen genug. Fragen kommen mit sich allein zu Rande, füllen, wenn sie stimmen, randvoll den Satz. Darüber kann man sich nicht täuschen. Wohin gehören die Zeichen? In eine faule Lesekultur oder in die Ästhetik der Schreiberstube. Notbehelf für Menschen, die ihre Fragen nicht stellen, sondern mit der Nase darauf gestoßen werden; für Menschen, die auf der Suche bleiben, weil sie nicht merken, wo überall oder wo immer noch gefragt wird. Manchmal hat ein Satz das Schwanken in sich, dann zögere auch ich – und setze ein Zeichen hin. Der Gedanke wird in Frage gestellt, ich gerate in Zweifel und versuche, mich herauszuschlängeln. Gelingt es mir nicht, bleibt mein Gedanke ein gezeichneter.
Alle Zeichen sind gut für Kinder, heißt es. So werden sie besser zum Lesen angeleitet, wissen, wie zu fragen ist, wo man am besten seine Frage anbringt und ob gesteigert, gedämpft oder – später im Leben – ironisch.
Dem allerdings widersprechen jüdische Kinder.
Der umfangreiche Talmud ist ohne Strich und Punkt. Und er ist doch die Welt, mit der sich das Kind auf halbem Weg trifft. Die andere Hälfte, die schlankere, – die Bibel – lebt bis heute, kurz und gut – ohne Fragezeichen, und ist doch der Fragen voll.
Kommt man in seinen Denkrhythmus hinein, findet man

alles in Ordnung, wie Auf- und Untergang. Um bei der Übung des Verstandes zu bleiben (Talmud), singt man sich hinein, aber auch heraus, wo man Schwierigkeiten wittert und es zum Stocken kommt. Man bleibt am Denken und in ihm, weil man sich auf dieses Lied vom Lernen verlassen kann. Es ist eine fortgesetzte Entsteifung; man hat alles bei sich, den Sinnsang und die Bewegung. Man wehrt sich nicht nur »mit Händen und Füßen«, man erobert auch mit ihnen. Wer etwas zu sagen hat, sagt es auch mit Händen. Die Stimme spricht, weil sie scheinbar von oben kommt, uns das Oben erschließt und mit ihm verbindet. Aber für das Unten, für das Lied von der Erde, muß der ganze Körper herhalten. Im Psalm 35,10 heißt es כל עצמותי תאמרנה: »Sprechen werden all meine Gebeine, Oh Du, wer ist dir gleich ...« (Buber); »Alle meine Gebeine müssen sagen ...« (Luther)

»Wahrhaftig, bei diesem alten Manne waren es nicht bloß einzelne Körperteile, die ihre Andacht verrichteten – der ganze Leib ging in Gebeten auf. Sogar die Zobelschwänzlein haben, auf ihre Weise, an dem Gebete teilgenommen. Der Herr der Menschen und der Tiere wird daran wohl seine Freude gehabt haben!«
Georges Clemenceau

Nicht nur dem Satz, auch der Pointe
setzt der Punkt ein Ende

Vom Sinnsang

Abschwächung und Verstärkung eines Motivs sind unscheinbare Formen, die weder als Wiederholung noch als Variation zu behandeln sind. Sie kommen rein in Betracht, weil sie nur zu denken geben

Heilige Texte sind ohne Strich und Punkt. Die Weisung ist eine Weise (Melodie) – man singt sich hinein – das heißt gelernt.
»Deine Rechte sind mein Lied« (Psalm 119,54), übersetzt Martin Luther;
»Harfenweisen werden mir deine Gesetze«, verdeutscht Martin Buber;
Paul Rießler: »Zu Lobesliedern werden mir deine Ordnungen«;
»Gesänge sind mir worden Deine Satzungen«, heißt es bei Simon Bernfeld und wiederum bei Emil Cohn;
»Deine Worte sind mir zu Liedern geworden«, heißt es bei Hans Bruns

König David sagte es mit vier Worten, und wurde dafür gerügt. War es nicht voreilig und billig, Rechte, Gesetze, Ordnungen, Satzungen, Worte – für Lieder, Lobeslieder, Gesänge, Harfenweisen auszugeben? Gesetze sind kein Saitenspiel, Satzungen kein Singsang; Rechte sind nicht einfach zu verliedern. Was mochte sich David wohl gedacht haben! Wurde er auch von den Späteren gerügt, so wurde seine Methode doch beherzigt, sie hat sich durch die Jahrtausende bewährt. Aus den »Harfenweisen« ist ein Sinnsang geworden, das jüdische Lernen.
Sieht man sich die meisten deutschen Übersetzungen an, kommt man allerdings nicht auf den Gedanken, es gehe um Grundlegendes. Für das Unscheinbare haben erscheinungstüchtige Christen wenig Sinn. Übersetzungen sind immer hin- oder wegführend, und ich wollte mit diesem Abschnitt doch nur sagen, daß mich das Setzen eines Punktes schmerzt

»Er versteht zu lernen, soll bei Talmudschülern eine Art von Lob sein. So in den Künsten: Es ist das einzige, was man von einem Meister aussagen kann.« Hugo von Hofmannsthal

Über kurz oder lang geht's um Leben und Tod
Oder: Hippokrates und Kohelet
In memoriam Süßman Muntner, Kolomea 1897 – Jerusalem 1973

Hippokrates hat die Kürze weder erfunden noch entdeckt, leitmotivisch aber auf die Zeit bezogen – und mit einem majestätischen Eröffnungssatz thematisiert.
Sein erster Aphorismus ist schon ein Buch vom Menschen, dem die Krone gebührt.
Sein Thema ist ein Grundakkord Kohelets, der König war über Israel in Jerusalem. Doch sind seine Worte – »Diwräj Kohelet« – keine Aphorismen, obschon er die Menschen, wenn auch anders als Hippokrates, seziert.
Hippokrates gab einer späten Gattung die frühe Bezeichnung; mit dem ersten Aphorismus wies er der Gattung den Weg zu hohem Rang; so bleibt der Aphorismus an den Mann gebunden, der Arzt war und ein Bild hatte von einem ganzen, heilen, gebrochenen, schwachen, fiebrigen, zerfallenden, unter allen Umständen heilsbedürftigen Menschen. Dieses Bild vom Menschen bleibt vorbildlich, solange Hinfälliges auf Verbindlichkeit hoffen darf

Kohelet hat ein ganzes Bild, ein Bild vom Ganzen, er geht mit dem Menschen durch alles ihn Verzehrende – vom hohen Thron bis zum Absturz, bis in den Staub hinein. Satz für Satz, durch dick und dünn, Bild um Bild, nichts verschonend, nichts beschönigend, geradewegs und rundherum, mit offenen Fragen seine letzte Würde hütend. Seine Bitterkeit ist von süßem Klang und ohne Verachtung. Er setzt sich zum Menschen hin, predigt nicht über ihn hinweg; er spricht nicht zur Sache, sondern von der Sache zu ihm.
Ihm ist es gelungen, ein Buch literarischer Entschlossenheit aus Selbstgefühl und Mitleid zu schreiben, mit einem Blick, der in der Lage ist, die Lichtverhältnisse zu klären, in alle

Satzgefüge einzuführen und zu ordnen. Unter der Sonne ist immer Tag und alles wird bei Licht besehen, unter der Sonne – besehen, besprochen, bewertet

Denken heißt, in die Vergeblichkeit hinein

Unter der Sonne kommt alles vor und hat seinen Rhythmus, Vorschein und Nachglanz; auch das Dunkle wird an den Tag gebracht, verwickelt sich ins Heute und löst sich im Übermorgen wieder auf. Ein Gesetz durchwaltet alles von heute auf morgen, alle werden, ob früher, ob später, überwältigt. Alles wird gelenkt, doch sind wir unbeherrscht und müssen alles immer wieder bestimmen: von heute auf morgen. Alles kommt vor, geht vorbei, läßt auf sich warten, bleibt aus, wird unentbehrlich und riecht nach Hoffnung. Alles unter der Sonne spricht vom *Kannnichtsein*. Was wir aber nicht bestimmen, bekommen wir nicht zu sehen

Die Lichtstrahlen,
die das Denken
in das Dunkel wirft,
werden von diesem
verschlungen

Kohelet tut so, als wäre er auch einer, noch einer, und setzt sich über alle Weisheiten hinweg. Es gibt viel zu tun unter der Sonne, aber nichts zu wollen, denn es ist nichts zu machen. Das läßt sich sagen, das kann man sehen, es ist alles eitel, aber das Licht ist süß. Dies nun ist doch ein Ende, mit dem man etwas anfangen könnte, ein Buch zum Beispiel, dessen Einheit sich in Paradoxa herstellen ließe.

Man ist nicht ernst, wenn man zu meinen glaubt.
Der Vergeblichkeit aller Mühe im Leben muß die Vergeblichkeit aller Mühe im Denken entsprechen. Das ist dann vielleicht nicht gut genug gedacht, doch im Sinne einer Kunst, die darauf aus ist, die Schönheit des Mißerfolgs zu demonstrieren

>Du bist, der du bist,
wenn du alle Erwartungen enttäuscht hast

Kohelets Engel und Bileams Eselin

»Sage nicht vor dem Engel, daß es unbedacht war« (Kohelet 5,5), denn du blamierst dich, wie einst Bileam, der durch seine Eselin zum Spott wurde, da er ihn, den Engel, nicht sah, wo er sich doch als Seher rühmte.
Es ist verwunderlicher und erwähnenswerter, wenn eine Eselin mit Worten, als wenn ein Bileam mit Zungen redet. Bileam sprach, was Gott ihm in den Mund legte, er hatte nichts zu sagen, wohl aber seine Eselin. – »Darum laß deiner Worte wenig sein« (Kohelet 5,1)

Im wahren Namen liegt die Erträglichkeit der Daseinslast

Adam hatte alle Wesen erschlossen und alle Dinge benannt. Seine Leistung war das Höchste der betrachtenden Einsicht. Das vermochte er, weil er die Macht dazu hatte; diese war für ihn vorgesehen, im Schöpfungsakt beschlossen, ihm überlassen für immer. Durch die Betrachtung aller zu ihm kommenden Kreaturen waren auch alle Gefühle – bis zum Mitleid hin – entbunden. Und Adam wußte zwischen Mitleid und Erbarmen zu unterscheiden; unfehlbar wußte er,

was dem Schöpfer gehört und was den Geschöpfen gebührt.
Man könnte meinen, ein so kompliziertes Unterfangen sei nur aus göttlicher Weisheit denkbar und nur im Rat der Sprache selbst zu beschließen. Doch legt die Bibel Wert darauf, dieses Werk als ausschließlich menschlich zu preisen. Nicht, weil es kleinlich wäre für Gott, alle Falten und Fältchen zu betrachten, in alle unscheinbaren Nuancen hineinzuspüren. Gott regiert die Welt durch seine Namen und greift im Sinne seines Namens auch in den Namen eines Menschen ein, wenn dieser für ihn Grund oder Boden gewinnen soll. Die Welt neigt doch dazu, dem Schöpfer seine Schöpfung streitig zu machen.
In Abram und Saraj griff Gott – auf seinen eigenen Namen hin – korrigierend ein. Damit verließen sie beide ihr gedachtes Leben und traten in die Erinnerung Gottes ein

Im Einklang ist eine Sache, in Übereinstimmung eine andere

Sinn erfüllt sich, so auch mein Name, Benyoëtz, den ich mir zulegte, um ein hebräischer Dichter, im Geist des Hebräischen sein zu können. Koppel wäre es schwerlich geworden, obwohl er unbestreitbar der Verfasser meiner ersten Gedichte war.
Auf das schwache Versprechen sollte ein handfestes Einhalten folgen

> Paul Koppel
> wurde beseitigt
> und kaltgestellt

Und Benyoëtz?
Handfester geworden,
haltlos geblieben

»Es ist immer
ein rhetorischer Fehler,
wenn jemand
sein eigener Dolmetscher ist.«
Marcus von Blankenstein

Nun ist er das, was Rosenzweigs und Bubers Bibelübersetzung werden sollte: das Hebräische im Deutschen – nicht so kraftvoll, auch nicht so gewaltsam. Das könnte er allerdings leichter vorzeigen als nachweisen

»Diese war nun die erste sonderbare romanhafte Reise, welche Anton Reiser tat, und von der Zeit fing er eigentlich an, seinen Namen mit der Tat zu führen.«

Namen –
der tiefste Einblick,
der weiteste Aufschluß,
die höchste Spekulation

»Die Spekulation
verirrt sich niemals
weit vom Gemüte«
J. F. Herbart

Indes stellt sich die Frage, ob Paul Koppel, der Kaltgestellte, nicht auch im Deutschen überwinterte, ja war nicht just er mein deutsches Winteridyll im sonnigen Jerusalem, mit einem hebräischen Namen überhaucht, überglänzt, überschillert. Da war ihm plötzlich Gott ausgegangen

Die Sprache überzeugt, nicht der Glaube

Gott spielt keine Rolle, »Er ist im Himmel und du auf Erden«: Schau dich um und sieh dich vor.
Sei redlich mit deiner Rede und spucke deine Sprache nicht aus, denn auch die geringste Sicherheit, um die du betest, bekommst du nicht ohne sie.
Bilde dir nicht ein, die Sprache beherrschen zu können; doch kannst du sie bestimmen, wenn du nicht verstummst.
Sprichst du nicht viel und bleibst du dem Wenigen treu, kommst du glimpflich, gerade noch gottesfürchtig davon. Davon? Wenn du nicht fragst, wohin.
In jedem Fall wirst du gerichtet. Taten und Worte haben in sich das läuternde Feuer, die vernichtende Säure; auch das Bleibende hat die es auffressende Säure in sich. Du tappst im dunkeln und verschwindest in der Finsternis. Erkenntnis ist bitter, sie ist die Intimität des Todes, das Licht aber ist süß.
Alles hat seine Zeit, und du hast dein Kommen und Gehen. Bleibst du aber im Bild, hast du umsonst den Rahmen gesprengt.
Mache keine Bücher ohne Ende, dein Schreiben sei bleiblich

Am Flugsandhafen Zeit geht Kohelet an Bord und tritt seine Raumschiffsfahrt an

Die rückfällige Vorsehung
Oder:
Gehe ich über die Grenze, wechsle ich meine Pferde
Vom ethischen Standpunkt, rein ästhetisch betrachtet, ist es der größte Jammer, wenn man seine schönsten – jüdischen wie arabischen – Pferde zu Tode reitet

Die rollenden Steine der Geschichte lassen die Berge noch eine Weile Berge sein

NAMEN UND AUSNAHMEN
ANMERKUNGEN, BÜCHER,
CREDOS

»Ich habe gesprochen:
›Weise will ich werden‹.
Fern blieb alles, was war«
Kohelet 7, 23

»Ich kann nur hinweisen auf den einzigen poetischen Schatz, auf den es ankommt, auf das Geheimnis, das zu wissen genügt im Dickicht der Werke: Das ist die reine Fähigkeit, nur als Dichter zu leben – denn alles läßt sich von daher betrachten und zunächst zerlegen in ein Spiel mit einfachen, gegensätzlichen, rhythmisch geordneten und zusammengesetzten Bestandteilen – danach erst muß man den Sinn aufspüren und sich sagen: dies ist ein Symbol meiner selbst, das mich, über mein geistiges Sein, einiges lehrt.« Paul Valéry

Nicht uns, DU, nicht uns,
sondern deinem Namen gib Ehre,
um deine Treue
Psalm 115,1

»Welch Glück, mit Männern zusammenzukommen, die die Poesie bewundern und Shakespeare und Darwin auseinanderzuhalten wissen.« John Keats

»Nie rief wohlorganisierte Reclame Ihren Namen aus.
Nie haben Sie Ihr Lächeln für gute Reportage verschenkt.
Nie machten Sie einer Zeitanschauung vorteilhafte Kompromisse.
Nie ist Ihr persönliches Schicksal in Interviews verwendet worden.« Sophie Hochstätter an Ricarda Huch

*»Zitate beleuchten unsere Lage und setzen uns zugleich
in ein besseres Licht.«*
Sahadutha

Anhauch, Hinweis, Trommelschlag

Im Anfang war das Wort
gekommen wie gerufen

»Wer ein Wort im Namen dessen mitteilt,
der es zuerst gesprochen hat,
der bringt Erlösung in die Welt«
Pirke Awot / Sprüche der Väter 6,6

Wenn Gott zitiert werden soll,
dann muß ihm ein Buch
zugeschrieben werden

»Ich kann nicht denken, daß die ›Natur‹ vor Rousseau unbekannt war; noch die Methode vor Descartes; noch die Erfahrung vor Bacon; noch alles, was augenscheinlich ist, vor irgend jemand. Aber irgendeiner hat die Trommel geschlagen.« Paul Valéry

»Bei den Menschen ist das, was er erschafft, in größerem Maße Ausdruck seiner selbst als das, was er zeugt. Das Bild des Künstlers und Dichters ist seinen Werken deutlicher aufgeprägt als seinen Kindern.« Nikolai Berdjajew

Ein Name ist besser als gutes Salböl
Kohelet 7, 1

»Dazu kommt, daß bei Weisheitslehren der Name des Verfassers wichtig ist, weil sein Schicksal die Güte der Lehre verbürgt. Man wird ihn also auch in einer Zeit, die sonst Autorennamen nicht bewahrt, mitüberliefern und erhalten.«
Hermann Schneider

»Wo der Name eines Malers, eines Dichters oder eines Originals sich im Geiste des Lesers nicht mit einem Gesicht, einem Satz oder einer einfachen Gebärde in Verbindung bringen läßt, ist es zwecklos, durch eine Fußnote oder eine Vorbemerkung Erklärungen zu geben« Cesare Pavese

Meine Zitate sind mir keine Grundsätze,
das Zitieren aber ein Prinzip

»Wer von seinem Nächsten einen Abschnitt
oder eine Satzung oder einen Vers
oder einen Satz
oder auch nur einen Buchstaben lernt,
der ist verpflichtet, ihm Ehre zu erweisen.«
Pirke Awot / Sprüche der Väter 6, 3

Auch das geringste Zitat ist noch ein Stück Dankbarkeit

Hugo Bergmann pflegte, sich in den Anmerkungen zu seinen Werken bei jedem, der ihm ein nennenswertes Buch ausgeliehen hatte, namentlich zu bedanken

Zitatweise läßt sich das Große auch im Kleinen nachweisen

»Da ich einmal davon rede, so sei für die, welche sich der Citate in meinem Buche bedienen wollen, angemerkt, daß dieselben gleichsam solidarisch für einander verpflichtet sind. Um ihren Haufen nicht noch mehr anzuschwellen, gleich als wollte ich mit ihnen prunken, habe ich nicht bei jedem Satz die kaum erwähnten wiederholen wollen, jedoch dafür gesorgt, daß jedes Citat immer zu dem Satz käme, für den es am wichtigsten war; jedes Mal natürlich mit dem Vorbehalt, daß auch die aus den umstehenden Citaten für denselben hervorgehenden Beweise nicht ausgeschlossen wären. Ich citire für die, welche finden wollen, aber nicht für solche, die da suchen, um nicht zu finden. Bei einer Tasse Kaffee, mit einem einzigen der citirten Autoren in der Hand, läßt sich übrigens dies Buch nicht prüfen.« Leopold Ranke

Meine Zitate wollen nichts belegen und nichts beweisen, sie müssen sich auch nicht behaupten, aber unentwegt um ihren Rang ringen, um ihre Ordnung kämpfen

»Betrachte die Anmerkungen nicht als Katakomben, in denen du deine Voruntersuchungen beisetzest, sondern entschließe dich zur Feuerbestattung. Versuche es, die Kunst zu lernen, durch Anmerkungen die lineare Form der Darstellung zu ergänzen, Akkorde anzuschlagen und Obertöne zu bringen, aber spiele kein Instrument; und scheue dich nicht, zwei Gattungen von Anmerkungen zu bieten und im Druck zu unterscheiden, wenn der Stoff das verlangt.«
Adolf von Harnack

Zitat – Keim und Kern des Denkbaren

Evas zweiter Satz war ein Zitat (Genesis 3,3), und es bleibt für das Thema wie für die Folgen des Zitierens grundlegend

»Die Citate habe ich wörtlich angeführt, nicht bloß durch Zahlen auf sie verwiesen, weil ich aus Erfahrung weiß, daß nach Citaten selten nachgeschlagen wird, und mir es um die Überzeugung meiner Leser zu thun war, nicht um ihren guten Glauben. Dagegen habe ich, um den Raumverlust wieder einzubringen, aus den zu Gebote stehenden Beispielen nur die allertreffendsten ausgewählt« Levi Herzfeld

Alle meine Zitate, auch die getreu wiedergegebenen, wollen an der Quelle überprüft werden.
Die Bibel zitiere ich in der Übersetzung Luthers, aber auch in der Bubers/Rosenzweigs oder in der Wohlgemuths/

Bleichrodes, die an Namenschreibungen wie Kajin für Kain, Mosche für Mose, Jisrael für Israel zu erkennen sind. Die fünf Bücher Moses heißen hier, wie bei Buber/Rosenzweig: Im Anfang; Namen; Er rief; In der Wüste; Reden.
Daran halte ich mich, im übrigen bin ich nicht konsequent. Alle Zitate werden in Anführungszeichen vorgeführt und nachgewiesen; eigene Sätze, die durch Anmerkungen erweitert werden, sind kursiv gedruckt

Ich danke meinem Freund Shlomo Goldberg, Leiter der Ausleihe an der Nationalbibliothek Jerusalem. Mehr als dreißig Jahre versorgt er mich mit Namen und Ausnahmen

NACHWEISE

S. 5 Mesnewi oder Doppelverse des Scheich Mewlana Dschelal-eddin Rumi. Aus dem Persischen übertragen von Georg Rosen, Leipzig 1849, S. XXIV; vergleiche: »Das Alleinsein nehmen uns nur die Unsichtbaren.« Joachim Günther, Findlinge. Heidelberg *1976*, S. 65

S. 5 »Ich ging an meinem Leben vorbei« – Lazarus Trost, Schriftzüge. Dresden 1893, S. 70

S. 5 »Ein Man, der der Welt entsagt« – Paul Valéry. Zitiert nach: André Maurois, Von Proust bis Camus. Aus dem Französischen übertragen von Günther Birkenfeld und Margot Berthold. München/Zürich 1964, S. 60

S. 7 »Wir sind der letzte Ton« – Kosal Vanít an Lazarus Trost, Konstantinopel, 24. 3. 1897 (Autograph, im Besitz des Verfassers)

S. 8 *Anders als der Prophet, weiß der Dichter nicht, was er spricht, doch wie dieser sieht er das Ausgesprochene* – »Der Dichter kann Erfahrungen aussprechen, die wir in den Begriffen, in den Ja-Nein-Entscheidungen unserer Rationalität nicht unterbringen können. Ich spreche und singe in der kirchlichen Liturgie Aussagen selbstverständlich mit, die ich als Philosoph des 20. Jahrhunderts nicht behaupten dürfte. Wie oft tröstet die unveränderte Liturgie, diese Gemeinschaft mit tausendjährigem menschlichen Erleben, über eine gutgemeinte aktualisierte Predigt hinweg!« Carl Friedrich von Weizsäcker, Bewußtseinswandel. München 1988, S. 230

S. 8 »Es genügt nicht, ein Prophet zu sein« – Julius Wellhausen. Zitiert nach: Rudolf Smend, Deutsche Alttestamentler in drei Jahrhunderten. Göttingen 1989, S. 118; vergleiche: »Die Zukunft muß verheißen werden, um überhaupt Sinn zu haben. Die Prophetie ist eine Grundtatsache unserer vernünftigen Existenz. Sie ist nötiger und vernünftiger als die doppelte Bücherführung oder die Philosophie. Was ist denn vernünftig? Das, was ein einzelner mit Wirkung für das Menschengeschlecht vernehmen kann. Alles, was dies verhindert, ist sinnlos. Sogar der Denker muß prophezeit sein, bevor ihm irgendeiner Glauben schenken kann. Alle Propheten prophezeien erst Unheil, bevor das Sinnvolle des Ereignisses klar werden darf.« Eugen Rosenstock-Huessy, Ja und Nein. Autobiographische Fragmente. Herausgegeben von Georg Müller. Heidelberg 1968, S. 89

S. 8 »... wir wollen nicht mehr bloß das Poetische hören« – Otto

Flake, Bekenntnis des Romandichters. In: Neue Deutsche Rundschau 1928, S. 65

S. 9 »*Es riecht nach Regen*« – Paul Koppel, siehe auch S. 155, 157

S. 9 *Der Einzige, den wir anrufen* – vergleiche: Elazar Benyoëtz, Ichmandu. Herrlingen bei Ulm 2000, S. [35]

S. 9 *Im Faust II strauchelt er gleich zweimal* – vergleiche: J. W. Goethe, Faust der Tragödie erster und zweiter Teil nebst Urfaust und Paralipomenen. Herausgegeben und eingeleitet von Richard Müller-Freienfels. Berlin o. J. (Exemplar von Max Zweig); »Ein Gott den andern Gott …« – Die Sirenen im 2. Akt – Felsbuchten des Ägäischen Meers. – S. 131; »Der Überwundne fiel, zu stets erneutem Spott …« – Kaiser, im 4. Akt – Des Gegenkaisers Zelt – S. 229. Der Spott ist Gottes Kilogram: von Christian Hofmann von Hofmannswaldaus »Der tod hört nicht vielmehr, als sonst der liebes=gott, / Wo solte meine quaal und meines lebens spott« (Sonnet. Er liebt vergebens) bis Isolde Kurz': »Wer gab es uns? Ein Dämon oder Gott? / Er gab es unsrer Endlichkeit zum Spott.« (Das Wort); und kein Ende. Die deutsche kraftstrotzende Hilflosigkeit gibt es aber auch auf Jiddisch, zum Beispiel bei Dawid Einhorn: »Die gojim mit chojsek, / gelechter und spott, / wu is ajer schojfet, / wu is ajer gott?« Aw horachamim. New York 1943, S. 6 und ebenda auf S. 10: »farkert, säj hoben dich bagläjt mit spot /——/ un ojsgegossen deine räjd zu got«, und wieder auf S. 52: »far ojgen ful mit chuzpe un mit spott /./ dem gist men ojs bahalten nor far gott«. Und das in einem schmalen Band von 62 Seiten.

S. 11 *Das Bild vom Menschen kann die Vorstellung von Gott nicht einholen* – »Der Anfang kennt keine Bilder und braucht sie auch nicht. Er steht dem wirklichen Gott unmittelbar gegenüber. Erst wenn der Wirkliche im Zwielicht von Erinnerung und Vergessenheit zu verdämmern beginnt, schafft sich der Mensch in seinen Bildern Ersatz für das Verlorene. Der von Gott Abgekehrte und für Gott Erblindete ist der auch an sich selbst Gebrochene, der Zwiespältige, und eben an der Bruchstelle, an der Schwelle zwischen Erinnerung und Vergessenheit, zwischen Bewußtsein und Unbewußtsein, zwischen Willen und Trieb entsteht das Bild, die *Synthese aus Not*, die nur noch künstliche Synthese. In den Bildern täuscht sich der Mensch über seine Gebrochenheit hinweg, sie wollen ihm als vorhanden vorspiegeln, was tatsächlich bereits entschwunden ist. Wenn aber allmählich alle Brücken zwischen der Erinnerung und der Vergessenheit zerbrechen, wenn alle Fäden reißen, die den Willen mit dem Trieb verknüpfen, dann wird auch das Bild als Ersatzwirklichkeit unmöglich. Am Ende des Auflösungsprozesses steht also wie am Anfang gleichfalls die Bildlosigkeit, dort, weil das Bild nicht benötigt ist, hier, weil ihm alle lebendigen Voraussetzungen entzogen sind. Auch der Dämon schmarotzt an der resthaften Wirklichkeit. Am Anfang der Bildnerei steht das Erinnerungsbild des einen Gottes.« Erwin Reisner, Der Dämon und sein Bild. Berlin 1947, S. 294 f.

S. 14 »Meiner Meinung nach«, sprach Tschechow – Iwan Bunins Erinnerungen an Tschechow erschienen als Vorabdruck in: Die Zeit, Hamburg, 8.07.2004, S. 43; vergleiche: »Wir haben kein Gefühl für unseren Anfang und unser Ende. Und ich bedaure sehr, daß man mir gesagt hat, wann eigentlich ich geboren bin ...« – Iwan Bunin, Das Leben Arsenjews. Eine Jugend im alten Rußland. Aus dem Russischen übersetzt von Georg Schwarz. München/ Wien 1980, S. 5

S. 14 »Wandelnd unter den Akazien,/welche man die Linden nennt ...« – Adelbert von Chamisso, Zur Feier Goethes. In: Gedichte. Mit biographischer Einleitung von Ludwig Geiger. Leipzig: Reclam UB 314/317 o.J., S. 437

S. 14 *Genau! Was soll nicht alles genau ...* – »War's um sechs Uhr oder sieben,/Wann er diesen Vers geschrieben?« Friedrich Theodor Vischer, An die Exakten. Zitiert nach: Ilse Frapan, Vischer-Erinnerungen. Berlin 1882, S. 58; vergleiche die Bemerkung von Heinrich Leberecht Fleischer: »Überhaupt gilt einfürallemal der Grundsatz, daß der Orient eine scrupulöse Genauigkeit in unveränderter Fortpflanzung des Überlieferten höchstens nur bei heilig und göttlich geachteten Religionsschriften kennt. Im Orient ist alles der Willkür des umgestaltenden Geistes, dem Verkehr des Lebens preisgegeben: einunderselbe Urtext ist von dem einen Sprecher und Schreiber so, von dem andern anders variiert worden. So die berühmten Dichterwerke des Orients, wie z.B. Firdusi's *Schahname* und Sadi's *Rosengarten*, von denen keine Handschrift ganz mit der andern übereinstimmt.« In: Franz Delitzsch, Biblischer Commentar über *Die poetischen Bücher* des Alten Testaments. 3. Band. Leipzig 1873, S. 23

S. 14 »Wir berechnen die Zeit nach Stunden und glauben« – Dmitri Mereschkowski, Auf dem Wege nach Emmaus. Essays. Ausgewählt und übersetzt von Alexander Eliasberg. München 1919, S. 250

S. 14 *Die getreue Wiedergabe ist eine echte Fälschung* – »Ganz ähnlich sind nur die Bildnisse der Götter; da kann man die Originale nicht vergleichen.« Hermann Cohen, mitgeteilt von Robert Arnold Fritsche in seiner Broschüre: Hermann Cohen aus persönlicher Erinnerung. Berlin 1922, S. 42

S. 15 »Auf Tiberius folgt Caligula« – Theodor Fontane. Zitiert nach: Karl Sauer, Das aphoristische Element bei Theodor Fontane. Ein Beitrag zur Erkenntnis seiner geistigen und stilistischen Eigenart. Berlin 1935, S. 104

S. 15 »Allein der Irrthum ist der Weg zur Wahrheit« – Otto F. Gruppe, Gegenwart und Zukunft der Philosophie in Deutschland. Berlin 1855, S. 256; vergleiche: »Wir werden wissen, wohin wir gehen, wenn wir dort sind«, eine Aussage der Navaho-Indianer. Zitiert nach: Elisabeth Boyden Howes, Die Evangelien im Aspekt der Tiefenpsychologie. Übersetzt von Kathrin Asper. Zürich 1968, S. 117

S. 15 »Wenn ich nicht irre, so sagt Salomo« – Francis Bacon, Essays. Übersetzt und in Auswahl herausgegeben von Paul Melchers. München/Berlin 1939, S. 64. – Angebräunte Auswahl. – Über die Ungenauigkeit von Bacons Bibelzitaten siehe G. Fürstenhagen in seiner Ausgabe der *Kleineren Schriften*. Leipzig 1884, S. 151. – »Die ›Philantropia‹, diese majestätische Demut, diese Überzeugung, daß nichts zu unbedeutend für die Beachtung des Weisesten sein kann, was nicht zu unbedeutend ist, um dem Geringsten Vergnügen oder Schmerz zu bereiten: sie ist das große unterscheidende Merkmal, der wesentliche Geist der baconianischen Philosophie. Wir spüren sie in allem, was Bacon über Physik, über Gesetze, über Moral geschrieben hat.« Lord Macaulay, Francis Bacon. In: Essays. Herausgegeben von Egon Friedell. Wien/Leipzig/München 1924, S. 80

S. 15 »Der Irrtum wird von der Wahrheit getragen« – Carl Friedrich von Weizsäcker, Der bedrohte Friede. München 1981, S. 430

S. 16 *Ich weiß nicht, was ich sagen soll, hier aber steht's* – »Eins soll man wissen: so ungleich es ist, ein süßes Saitenspiel selbst süß erklingen zu hören im Vergleich damit, nur davon sprechen zu hören, so ungleich sind die Worte, die in der lauteren Gnade empfangen werden und aus einem lebendigen Mund herausfließen, im Vergleich mit denselben Worten, wenn sie auf das tote Pergament kommen, und sonderlich in deutscher Sprache, denn dann erkalten sie und verbleiben wie die abgebrochenen Rosen; die lustvolle Weise, die mehr als Dinge das menschliche Herz rührt, erlischt dann, und in der Dürre der dürren Herzen werden sie dann empfangen. Nie war eine Saite so süß, zieht man sie über ein dürres Scheit, so verstummt sie.« Heinrich Seuse, Suso genannt, im Vorwort zu seinem Büchlein der ewigen Weisheit. Zitiert nach: Erzbischof Conrad Groeber, Der Mystiker Heinrich Seuse. Die Geschichte seines Lebens; die Entstehung und Echtheit seiner Werke. Freiburg i. Br. 1941, S. 105

S. 17 *als Motto über sein Buch gesetzt* – Ernest Renan, L'ecclésiaste. Traduit de l'hébreu avec une étude sur l'âge et le caractère du livre. Paris 1882. In seiner Begeisterung für Kohelet, aber auch mit einem kühleren Blick auf den Verfasser und seine Zeit, ist Renan einen Schritt weiter gegangen in seiner *Geschichte des Volkes Israel*. Übersetzt von E. Schaelsky. V. Band. Berlin 1894, S. 152-189

S. 17 *Ich auf Griechisch heißt, ›anstelle der Götter‹* ... – »Von der frommen Mystik, die nur des Gottes voll ist, zu der Freigeistigkeit, die im Menschen das Maß der Dinge sieht, führt eben der Weg durch die Selbstvergöttlichung des Menschen«. Karl Joel, Geschichte der Antiken Philosophie. Erster Band. Tübingen 1921, S. 493. – »*auf Hebräisch heißt es immer noch – im Angesicht Gottes*« – entscheidend in diesem Zusammenhang ist 5. Mose/Reden 32, 39: »Sehet jetzt, / *daß ich ich es bin*, kein Gott neben mir!« (Buber/Rosenzweig) oder »Seht her! *bin ich es nicht, ich ganz allein* ... Ich töte, ich belebe, ich schlage und ich heile, und niemand kann aus meiner Hand erretten« (Bleichrode/Wohlgemuth), und so auch – Gott im Ohr – auf Deutsch, im Jahre 1933: »Doch also war nicht Gottes Gang – / Ich, Ich will nicht gefunden sein, / du bist nicht Stahl, Ich bin nicht Stein! / Ich Funke sprüh aus Mir in Mich, / Ich bin der stillsten Stunde Drang. / Bin nicht der Dolch, Ich bin der Stich, / Ich bin Ich, nur Ich / Und Ich will dich / Und dich allein: Drum reiss Ich dich von allem los. / Heut stehst du vor Mir öd und bloß, / Heut hab Ich dich allein!« – Karl Wolfskehl, Die Stimme spricht. In: Gesammelte Werke, 1. Band. Hamburg 1960, S. 148

S. 19 *Abraham glaubte auf Gott zu, aber auch auf Kierkegaard hin* – »Zu Abraham fühlte sich Kierkegaard unaufhaltsam hingezogen, aber er ›begriff‹ an Abraham nur das, was ihn an Sokrates in dessen erster und zweiter Verkörperung erinnerte. Obwohl er sich auf jede Weise bemüht, Abraham in eine neue ›Kategorie‹ zu versetzen – bleiben seine Bemühungen ergebnislos. Das erstaunlichste daran ist, daß Kierkegaard, wie Nietzsche, bis dicht an die Grenze gelangt, hinter welcher die Bezauberungen des Sokrates ihre Macht über die Menschen verlieren und uns die so leidenschaftlich ersehnte Freiheit erwartet, daß er aber außerstande ist, diese Grenze zu überschreiten und Abraham nachzufolgen.« Leo Schestow, Athen und Jerusalem, Versuch einer religiösen Philosophie. Aus dem Russischen übertragen von Hans Ruoff. Graz 1935 (Exemplar von Margarete Susman), S. 256. – »Es war mir klar, daß [Hillel] Zeitlin etwas sagen wollte, was nichts mit wissenschaftlicher Forschung zu tun hat. Dieses Etwas zog mich an, als ich vor etwa vierzig Jahren seine ersten Schriften las. Seit ich Schestow (in seinen letzten Jahren) kennen gelernt habe, habe ich auch angefangen, Zeitlin ein wenig besser zu verstehen.« – Gershom Scholem an Simcha Bonim Urbach, 5. Adar I 5714 (1954), Briefe II, 1948-1970. Herausgegeben von Thomas Sparr. München 1996, S. 36f.; – »Schestow ist ein repräsentativer Denker unserer Epoche. Er weiß, was heute und hier zu fragen ist; er lehrt uns fragen. Dabei scheut er sich nicht, zuweilen statt einer einzigen Antwort zwei zu finden, die einander widersprechen. Diese unerschrockene Redlichkeit seines Fragens ist es, die Schestow zu dem eminent religiösen Denker gemacht hat, der er ist.« Martin Buber, Nachlese. Heidelberg 1966, S. 37

S. 20 *Von ihr sollte ich lernen, von ihr soll nun die Rede sein – und von Kohelets Hund.* – Unter dem Titel »Bileams Eselin« erschien in *Vanity Fair* vom 11.01.1879 ein kleiner Streit um die Kunst: »Herr Whistler hat eine ›Disharmonie‹ in schwarz und weiß geschrieben. Sie ist stark im Ausdruck, glänzend in der Diktion, breit und kühn in schneidenden Worten hingesetzt. Der Punkt, den Herr Whistler behandelt und unterstreicht, ist, daß das Kritisieren von Malerei außer von seiten der Maler selbst ein Unding ist und nicht geduldet werden darf ... Herrn Ruskins ›hochtrabende und leere Worte‹ würde, wie er sagt, ›Tizian denselben Schrecken einjagen, den Bileam empfand, als der erste große Kritiker seine Meinung kundgab«. Seine Schlußfolgerung ist, daß jedermann, kompetent oder unkompetent, das Kunstwerk des Malers schweigend empfangen muß, da er sonst in Gefahr wäre, mit Bileams Eselin in eine Kategorie gestellt zu werden...‹ Zu all diesem gibt es keine bessere Illustration als die Idee, die Herr Whistler mit Bileams Esel angeregt hat. *Denn der Esel hatte Recht*, obgleich, nein, gerade weil er ein Esel war. ›Was habe ich dir getan‹ sagt er, ›daß du mich geschlagen hast? Nun dreimal? »Daß du mich verhöhnt hast«, antwortet Bileam Whistler, worauf der Engel Gottes ihn zurechtweist und sagt: ›*der Esel hat mich gesehen*‹, so daß Bileam gezwungen ist, sein Haupt zu beugen und die Erde mit seinem Antlitz zu berühren. Und so ist es in der Tat. Der Esel sieht den Engel Gottes, wo der weise Prophet nichts sieht, und durch diese Erkenntnis rettet er das Leben seines Herrn, der ihn jämmerlich schlägt und sich ein Schwert wünscht, ihn zu töten. Bileam möge nicht vergessen, daß er schließlich auf dem Esel reitet, daß das Tier ihm treu gedient hat all die Zeit her, seit er es besaß, und daß er selbst jetzt auf seinem Rücken der Weg zurücklegt, der ihn zu großen Ehren bei dem Fürsten Balak führen soll. Und möge er daran denken, daß wer die Gabe der Sprache hat, auch berechtigt ist, das Wort an ihn zu richten und daß er am besten täte, darauf zu hören.«; vergleiche MacNeill Whistler, Die artige Kunst sich Feinde zu machen. Mit einigen unterhaltenden Beispielen, wie ich die ernsthaften dieser Erde zuerst mit Vorbedacht zur Raserei und dann in ihrem falschen Rechtsbewußtsein zu Unanständigkeit und Torheit gebracht habe. Deutsch von Margarete Mauthner. Berlin, Bruno Cassirer 1909, S. 45 ff. – Widmung Whistlers: »Den Wenigen, welche sich schon früh im Leben von der Anerkennung der Allzuvielen frei gemacht haben, mögen diese ergreifenden Dokumente zugeeignet sein.« Auch dieses Buch, eines der schönsten seiner Zeit, gehört zu meinen frühen »Buch«-Fantasien.

S. 21 *Die Sprüche sind geistige Naturprodukte* – »Die Natur sucht sich selbst zu ergründen, aber sie findet sich nicht, als im Wort der himmlischen Aussprüche.« Friedrich Christoph Oettinger in der Einleitung zu den Sprüchen Salomo; von Franz Delitzsch als Motto ausgewählt zu seinem Biblischen Commentar über *Die poetischen Bücher des Alten Testaments*. 3. Band: Das salomonische Spruchbuch. Mit Beiträgen von Fleischer und Wetzstein. Leipzig 1873, S. 2

S. 22 »Gebt ihm eine Pyramide, eine Schuhschnalle« – Ferdinand Kürnberger, Literarische Herzenssachen, Werke, 2. Band. Herausgegeben von Otto Erich Deutsch. München 1911, S. 91

S. 23 *Man wirft mir vor, ich würde nicht zur Sache sprechen* – in Bacons Essay *Von der Schlauheit* hört sich das so an: »Es ist seltsam, wie lange manche Leute auf der Lauer liegen, nur um etwas zu äußern, was sie sagen möchten, wie weit sie dabei ausholen, und auf wieviel andere Punkte sie noch zu sprechen kommen, ehe sie bei ihrem Thema sind. So etwas erfordert viel Geduld, ist aber auch sehr nützlich.« Francis Bacon, Essays. Übersetzt und in Auswahl herausgegeben von Paul Mechlers. München/Berlin 1939, S. 51

S. 23 *Geht das Fleisch auf das Wort zurück, wird es wieder Sprache, Widersprache* – »Wir sind ja alle so satt der Formeln, mit denen wir umzuwerfen glauben und die uns lenken, gleich als ob sie eigenen Willen hätten, des Kramens in anderer Worten, des Schauens mit anderer Augen, des Denkens mit anderer Gedanken. Aber wer von uns hat die Kraft dazu, wer die Selbstverleugnung, sich selbst zu bejahen?« Karl Hillebrand, Zwölf Briefe eines ästhetischen Ketzers. In: Völker und Menschen. Volksausgabe. Auswahl aus dem Gesamtwerk »Zeiten, Völker und Menschen«. Nebst einen Anhang »Briefe eines ästhetischen Ketzers«. Straßburg 1914, S. 325

S. 23 »Jeder Mensch hat seine Metaphysik« – André Suarès. Zitiert nach: Ernst Robert Curtius, Französischer Geist im zwanzigsten Jahrhundert. Bern 1952, S. 170

S. 24 *Ein Dichter läßt sich gehen* – »Das Genießen des Morgenländers ist ein Sich-Hingeben, ein Sich-Gehen-Lassen, ein Auskosten des ›süßen‹ Nichtstuns, während der Abendländer das Nichtstun als ›bitter‹ empfindet. Infolgedessen macht er sich immer ›etwas zu schaffen‹: ›im Ernste‹, wenn er auf die Forderung der Dinge hinhorcht, ›im Spiel‹, wenn er sich von den Sachen ab- und dem eigenen Lustgewinn zuwendet, sich damit aber in höherem Ausmaß als der Morgenländer der Gefahr der Langeweile aussetzt. Denn sobald sich mein Spiel zu einem Spiel mit dem Spiel potenziert hat, wird der Schwerpunkt des Genießens verlegt von der Sache selbst in die Methodik, Technik und Mode.« Wilhelm Josef Revers, Die Psychologie der Langweile. Meisenheim am Glan 1949, S. 69 f. – »Langeweile machen ist etwas so Schlimmes, daß Muhammed und sein Souffleur es in ihrer Bibel verboten und sagten, man solle nicht zu lang beim Propheten sitzen bleiben – oder bei irgend einem andern, der noch mehr ist, füg' ich dazu« Jean Paul Friedrich Richter an Johann Gottfried Herder. Hof, den 1. 10. 1788. In: Jean Paul und Herder. Der Briefwechsel. Herausgegeben von Paul Stapf. Bern/München 1959, S. 7

S. 25 »Dreißig Jahre lang lebt er von einer Silbe« – Ferdinand Kürnberger über Franz Grillparzer. In: Literarische Herzenssachen, Werke, 2. Band. München 1911, S. 273

S. 26 »Nie gehörte Namen fliehen vorbei« – Hans Ehrenbaum-Degele. In: Insel-Almanach 1914, S. 103

S. 26 *Es sieht so aus, als wäre es anders zu sehen* – »Wir haben Parmenides und Jona verglichen, einen frühen griechischen Philosophen und den Helden einer in der prophetischen Tradition Israels stehenden theologischen Lehrerzählung. Unser Problem war ein religionswissenschaftliches: wo ist anschaubar die unbedingte Macht des Widerstehens unter der Drohung des Nichtseins im einen und im anderen Falle? Wir haben diese Frage an Parmenides und Jona gerichtet, weil auch wir sie stellen und weil wir in den Fragmenten des Parmenides und in dem Buche Jona auf Antworten stoßen, die auch uns nicht gleichgültig sind.« Klaus Heinrich, Parmenides und Jona. Vier Studien über das Verhältnis von Philosophie und Mythologie. Basel/Frankfurt a. M. 1982 [Neuausgabe], S. 122

S. 26 *Ein Prophet auf der Flucht vor Gott* – »Freilich steht der titanenhafte Prophet, dessen tiefen Schmerz über die Vergeblichkeit seines Wirkens Mendelssohn in seinen schönsten Tönen dargestellt hat, hoch über dem eigensinnigen, unverständigen Jona«, Theodor Nöldecke, Die Alttestamentliche Literatur. Leipzig 1868, S. 79

S. 26 *Die Bibel will, daß wir die Geschichte mit den Augen Gottes sehen* – »Es liegt aller Grund zu der Annahme vor, daß wir schlecht ›lesen‹, und daß das schlechte Lesen uns einen nicht geringen Vorrat falscher Ideen und falschen Wissens geliefert hat. Wir ›lesen‹ stets, in dem wir von der Voraussetzung ausgehen, daß es nichts Neues unter der Sonne gebe und geben könne. Eine Voraussetzung, die falsch und unbegründet ist: Es gibt Neues unter der Sonne, aber es fehlen uns die Augen, um es zu erkennen – wir verstehen uns nur darauf, Altes zu sehen. So etwas Neues ist die biblische Legende vom Sündenfall Adams. Aber wie sollte man auf natürliche Weise erklären, daß ein kleines, ungebildetes, umherziehendes Völkchen auf den Gedanken kommen konnte, die größte Sünde, welche die menschliche Natur mißgestaltete und die Vertreibung aus dem Paradies so wie alle Folgen dieser Vertreibung nach sich zog – unser schweres, qualvolles Leben, Krankheiten und Tod – die größte Sünde unserer Urväter sei das ›Vertrauen auf die Vernunft‹ gewesen? Und es habe der Mensch, indem er den Apfel vom Baum der Erkenntnis pflückte, sich nicht gerettet, wie man meinen sollte, sondern sich für immer zugrunde gerichtet? Welche Schärfe und Verfeinerung des Verstandes, wie viel Kultur ist erforderlich, um an diese verhängnisvolle Frage nur heranzutreten. Obwohl die Bibel im Laufe von Jahrhunderten das meistgelesene Buch gewesen ist und jedes ihrer Worte als heilig galt, verstanden und verstehen die gebildetsten und am tiefsten denkenden Menschen die Legende vom Sündenfall nicht. Auch heute versteht niemand von uns die in ihr verborgenen Rätsel, wir sind organisch unfähig sie zu verstehen. Warum ist der Baum der Erkenntnis der Baum des Todes, indes der Baum des Lebens keine Erkenntnis gibt? Beweist doch unsere ganze Erfahrung das Gegenteil. Erkenntnis schützt das Leben, sie ist die Quelle unserer Kraft und Macht ... So sollte man meinen! Wenn wir aber die Legende vom Sündenfall nicht verstehen – wie konnten sie dann ungebildete, grobe Hirten verstehen, ja noch dazu ›erfinden‹? Ich wiederhole, daß selbst heute die gebildetsten Menschen nicht zu einer solchen Gegenüberstellung ›aus eigenem Verstande‹ gelangen könnten.« Leo Schestow, Auf Hiobs Wage. Über Quellen der Ewigen Wahrheit. Übersetzt aus dem Russischen von Hans Ruoff und Reinhold von Walter. Berlin 1929, S. 346

S. 28 »Der Walfisch sei ein Bad mit einem solchen Schilde« – David Friedrich Strauß, Ulrich von Hutten. 2. verbesserte Auflage. Leipzig 1871, S. 34; vergleiche: »Für den Hebräer hatte dieser Aufenthalt im Bauche des Fisches gar nichts so Auffallendes; er war noch an ganz andere Wunder gewöhnt. Dazu gewährte dies Seeabenteuer noch Gelegenheit, den Eindruck des göttlichen Wirkens auf die heidnischen Schiffer lebendig zu veranschaulichen. Die ganze übrige Entwicklung der Erzählung ergibt sich von selbst«. Theodor Nöldecke, Die Alttestamentliche Literatur. Leipzig 1868, S. 77

S. 29 »Durch Werner Milch erfuhr ich« – Jochen Klepper, Unter dem Schatten Deiner Flügel. Aus den Tagebüchern der Jahre 1932-1942. Herausgegeben von Hildegard Klepper. Auswahl, Anmerkungen und Nachwort von Benno Mascher. Stuttgart 1955, S. 708

S. 29 *Am gerahmten Bild arbeitet man nicht weiter* – »Wenn man von einem Bilde sagt, wie es so oft zu seinem Lobe geschieht, daß es große und ernste Arbeit zeigt, so sagt man damit nur, daß es unvollendet ist. Durcharbeiten allein kann die Spuren der Arbeit verwischen. Die Kunst verträgt weder Fleißarbeiten noch Schweißtropfen.« MacNeill Whistler, Die artige Kunst sich Feinde zu machen. Mit einigen unterhaltenden Beispielen, wie ich die ernsthaften dieser Erde zuerst mit Vorbedacht zur Raserei und dann in ihrem falschen Rechtsbewußtsein zu Unanständigkeit und Torheit gebracht habe. Deutsch von Margarete Mauthner. Berlin: Bruno Cassirer 1909, S. 100

S. 30 ... *da der Punkt nicht mehr zu sehen war* – »so wie die Vernunft, wenn sie einsieht, was sie liest, die unter den Buchstaben verborgene unsichtbare Wahrheit, den Gegenstand der Einsicht, nicht zu sehen vermag.« Nikolaus von Cues, Vom Können-Sein. Herausgegeben von E. Bohnenstaedt. Leipzig 1947, S. 2

S. 30 Hagadah schel Pessach, mit Erläuterungen von Dr. M. Lehmann. 4. Auflage. Aus dem Nachlaß vermehrt. Herausgegeben von Oscar Lehmann. Frankfurt a. M. 1920, S. 20. »Die Lehmannsche Hagadah fand schon bei ihrem ersten Erscheinen überall da, wo der Zauber der Sederabende noch nicht ganz erloschen ist, freundlichste Aufnahme und erlangte bald eine Volkstümlichkeit, der wohl kaum ein anderes jüdisches Werk der jüngsten Zeit gleichkommen dürfte.« Aus dem Vorwort des Herausgebers. Mainz 1914

S. 33 »Schau dich um und sieh dich vor« – Lazarus Trost, Schriftzüge. Dresden 1893, S. 70

S. 33 »Deine Worte wiegen schwer« – Kosal Vanít an Lazarus Trost. Konstantinopel, im Juni 1887 (Autograph, im Besitz des Verfassers. Der Briefwechsel Trost – Vanít ist in Vorbereitung)

S. 34 »Wunder untergegangener Übung« – Oscar Bie, Kunstliteratur. In: Die Neue Rundschau 1924, S. 395

S. 34 »Durch mein Dasein bin ich« – Georg Simmel, Fragmente und Aufsätze aus dem Nachlaß. München 1923, S. 17

S. 34 *Bis in die Wortwurzel hinein verlegen; verbindlich bis dort hinaus; des Wartens satt, der Erwartung voll* – »Wenn jene Wirklichkeit der Alten, wenn jene uns überlieferte Welt eine Realität war, so müssen auch die Mittel unseres Bewußtseins auf sie führen, ohne daß wir uns von den einzelnen tradierte Äußerungen abhängig machen. Wir können frei produzieren auf allen Feldern – die Linien unserer Produktion werden auf diese Realität und ihre Aktualisierung konvergieren und die Bestätigung, daß wir uns in der wirklichen Richtung befinden, wird sein: die logische Aufhellung jener zahllosen Dunkelheiten, die über unseren Ur-Dokumenten für die gegenwärtige Wirklichkeits-Vorstellung liegen, und die sie zur ›Nur-Religion‹ machten. Wir wollen die Energien unseres Geistes nicht mehr an die Adresse der andern Völker richten, an denen wir entweder wirkungslos abprallen oder persönlich zuschanden werden und als hoffnungslose Aufwiegler den Haß einer ganzen unbrauchbaren Welt auf uns ziehen. Wir mögen uns abgewöhnen, unsere messianistischen Kräfte als die Bedürfnisse der anderen anzusehen, den Inhalt des Judentums, der all dies konzentrisch enthält, als etwas andern als uns Zugängliches, und uns durch die langdauerndsten Zufallsgemeinschaften nicht narren lassen.« Erich Unger, Die Staatslose Bildung eines jüdischen Volkes. Vorrede zu einer gesetzgebenden Akademie. Berlin 1922, S. 30, 32

S. 35 »... laß mich erkennen das Walten deiner Hand in meinem Mißlingen« – Rabindranath Tagore. Zitiert nach: Robert Wilbrandt, Max Weber, ein deutsches Vermächtnis. In: Neue deutsche Rundschau 1928, S. 449-464 – »Als Max Weber bestattet wird, fehlt die Studentenschaft; sie hat seiner Bahre zu folgen verschmäht. Er war gegen ihre Mehrheit für eine Minderheit eingetreten ... Ein Gedicht aber, von Tagore, statt aller kirchlichen Feier, gab dem Wesen des Toten Ausdruck: ›Laß mich nicht ausschauen nach Bundesgenossen, sondern vertrauen auf eigene Stärke. Laß nicht zu, daß ich ein Feigling sei, der deine Gnade nur fühlt im Erfolg allein; sondern laß mich erkennen...‹« (S. 463) In Erinnerung an die sechziger Jahre des vorigen Jahrhunderts.

S. 37 »Kein Weihrauch kann aus irdischen Steinen« – Heymann Steinthal, Allgemeine Ethik. Berlin 1885, S. 393 – »Jeder Satz aus dem Mittelpunkt einer ernsten, intellektuell großen, sittlich tiefen Weltanschauung stammend.« Joachim Wach, Das Verstehen. Grundzüge einer Geschichte der hermeneutischen Theorie im 19. Jh. I-III. Hildesheim: Olms 1966 [Reprint], 3. Band, S. 210

S. 38 »Noch ein anderer Wink, den ich sehr probat gefunden habe« – Michel de Montaigne, Die Essays und das Reisetagebuch. In den Hauptteilen herausgegeben und verdeutscht von Paul Sakmann. Leipzig o. J., S. 173. – Achtundvierzig Balkensprüche der Holzdecke seiner Bibliothek, die im zweiten Stock des Schloßturms lag, hat Montaigne mit Inschriften versehen, als Wegweiser über seinem Kopf. Achtzehn hat er der heiligen Schrift entnommen, davon zehn dem Buch Kohelet.

S. 39 »Das Wunschbild sieht immer nur eine Ecke« – Paul Valéry. Übersetzt von Rudolf Kayser in seiner ›Europäischen Rundschau‹. In: Neue Deutsche Rundschau 1926, S. 667

S. 39 *Ist man der eine, ist man auch der andere, also jemand* – »Das Dämonische begegnet dem normalen Abendländer als ein typisches Merkmal des ›Anderen‹, mit dem er nichts oder doch nichts *mehr* zu tun hat, es reicht nicht hinein in den umgrenzten Bezirk seines eigenen Selbst- und Weltbewußtseins. Aber dieser Bezirk ist immerhin keine uneinnehmbare Festung. Wir können ja gar nicht sein ohne das Andere samt allem, was dazu gehört, wir müssen ihm darum wenigstens zuweilen die Tore öffnen und es einlassen. Wir stehen ständig in Wechselbeziehung zu dem von uns Ausgeschlossenen.« Erwin Reisner, Der Dämon und sein Bild. Berlin 1947, S. 7

S. 39 »Ich bin ein Jude, das heißt schon: Ich habe nichts zu tun mit der Landschaft« – Erwin Reisner, Die Juden und das deutsche Reich. Erlenbach-Zürich/Stuttgart 1966, S. 125. Vergleiche: »Carl Schmitt hat in seinem feinen Büchlein über den römischen Katholizismus richtig gesehen: Die Sehnsucht nach der ganz unberührten Natur ist selbst bereits ein Kulturergebnis, aus dem Übermaß eines verkünstlichsten Dasein entspringend. Wirklich anzugehen beginnt die Natur uns erst, wenn sie anfängt, durchwohnt zu werden; wenn in ihr Kultur beginnt. Die schreitet dann fort; Stück um Stück der Natur wird gestaltet. Der Mensch schafft darin seine eigene Welt, geformt nach Gedanken, beherrscht nicht nur von naturhaftem Trieb, sondern von gesetzten Zwecken, geistigen Wesenheiten dienend; als eine Umwelt, die auf ihn bezogen ist. Wie steht nun diese Menschenwelt zur Naturwelt? Sie entfernt sich notwendig von ihr. Sie hebt die natürlichen Dinge und Beziehungen in eine andere Sphäre, die des Gedachten, Gewollten, Gesetzten, Geschaffenen, *immer irgendwie Naturfernen*.« Romano Guardini, Briefe vom Comer See. Mainz 1927, S. 16 f.; – »Wir dürfen die Natur nicht als Isis, nicht als Frau, nicht als Mann vorstellen, keine Dankgefühle und keine Respektgefühle vor ihr hegen, keine Feste ihr zu Ehren feiern, keine Aufzüge oder Chöre oder Tänze vorführen, keine ägyptischen Trachten, keine weißen und keine schwarzen, keine kurzen und keine langen Röcke ihr zu Ehren anziehen; wir dürfen sie nicht heilig, nicht böse nennen. Gar kein Epitheton kann richtig sein, und keine Gesamtbezeichnung, wenn sie aus dem Vorrat unserer moralischen Ausdrücke hergekommen ist. Nur die Wissenschaft besitzt jene indifferenten Bezeichnungen, die nichts vorwegnehmen. – Man glaube nicht, daß unsere wissenschaftlichen Methoden etwas weniger Grandioses an sich haben, als unserer poetischen Empfindung nach die Magie und Mystik früherer Zeiten. Wir haben ja viel mehr erreicht, als jene träumen konnten. Nur ist das Geheimnis geschwunden. Und das ist eben das Herrliche. Jeder Mensch, der nur Lust dazu hat, kann sich die heutigen magischen Methoden aneignen, der einfachste, prosaischste Mensch. Er braucht keine eigene Tracht, keinen langen Bart, keine mystische Andacht und keine Geheimnisse.« Josef Popper-Lynkeus, Das Recht zu leben und die Pflicht zu sterben. Sozialphilosophische Betrachtung anknüpfend an die Bedeutung Voltaires für die neuere Zeit. 4. Auflage. Herausgegeben im Auftrage des Verfassers von Margit Ornstein. Wien/Leipzig 1924, S. 66f. – »Tschuangtse sagt: ›Das Tao zu erkennen ist leicht, nicht darüber zu sprechen ist schwer. Erkennen und nicht darüber reden, heißt der Natur folgen; erkennen und darüber reden, heißt den Menschen folgen. Die Alten folgten der Natur und nicht den Menschen.‹« Laotse. Herausgegeben von Lin Yutang. Frankfurt a. M. 1955, S. 173

S. 39 »Menschen, lecket die Zeit hinweg« – Ludwig Theobul Kosegarten, Die Sprüche Jehovahs. In: Gedichte. Leipzig 1788, S. 58

S. 40 ... *durch Fehler verbunden bleiben wir Zeitgenossen* – »Was es mit der Philologie, seit sie sich wirklichen Culturabsichten stolz entfremdet hat, eigentlich noch auf sich habe, zeigt wohl nichts deutlicher, als der Umstand, daß für viele Philologen, ja für eine Anzahl der gescheutesten darunter, die Schriften der Alten gar kein Interesse haben würden, wenn sie zufällig ganz ohne Fehler überliefert wären.« Erwin Rohde, Cogitata 1874. In: O. Crusius, Erwin Rohde, Ein biographischer Versuch. Tübingen/Leipzig 1902, S. 243

S. 43 *Was man lieben kann, soll man lieber nicht bewundern* – »Aber gerade die Bewunderung, die wir für die ausgezeichneten Philosophen des Altertums empfinden, nötigt uns zu der Meinung, daß ihre Kräfte systematisch falsch geleitet waren. Denn wie hätte es sonst kommen können, daß solche Kräfte so wenig für die Menschheit bewirkt haben? Ein Fußgänger kann auf einer Tretmühle ebensoviel Muskelkraft zeigen als auf der Heerstraße. Aber auf der Straße wird ihn seine Kraft sicherlich vorwärts bringen und auf der Tretmühle wird er sicherlich keinen Zoll vorrücken. Die alte Philosophie war eine Tretmühle, kein Weg. Sie war aus lauter sich selbst zurückführenden Fragen, aus Kontroversen, die immer wieder von vorne anfingen, zusammengesetzt. Sie war dazu geschaffen, viel Anstrengung und keinerlei Fortschritt zu erzeugen. Was das höchste Gut sei, ob der Schmerz ein Übel sei, ob alle Dinge vom Schicksal bestimmt seien, ob wir irgend eines Dinges gewiß sein können, ob wir gewiß sein können, daß wir keines Dinges gewiß seien, ob alle Abweichungen vom Recht gleich tadelnswert seien: diese und ähnliche Fragen beschäftigten die Köpfe, die Zungen und die Federn der fähigsten Menschen in der gebildeten Welt mehrere Jahrhunderte hindurch. Aber solche Disputationen können dem Fond des Wissens nichts hinzufügen. Es hatte nicht an Scharfsinn, Fleiß, Eifer gemangelt. Jedes Zeichen geistigen Anbaues fand sich vor, nur keine Ernte.« Lord Macaulay, Essays. Herausgegeben von Egon Friedell. Wien/Leipzig/München 1924, S. 82 ff.; – »Aber zu Philosophen werden wir nicht durch Philosophien«, Edmund Husserl, Philosophie als strenge Wissenschaft. In: Logos, 1. Band, 1910/11, S. 341

S. 43 »Keiner hat wie Jesus gewußt« – Constantin Brunner. In: Lotte Brunner, Es gibt kein Ende; die Tagebücher. Hamburg 1970, S. 317; – »Sage nicht ›Ich habe keine Sünde‹, und versuche nicht, an ihn heranzukommen. / Die Sünde gehört Gott, / sie ist mit seinem Finger besiegelt. / Es gibt keinen Vollkommenen in der Hand Gottes, / denn es gibt nichts Mangelhaftes vor ihm. / Wer sich bemüht, das Vollkommene zu suchen, / der wird sich nach einem Augenblick verringern.« Das Weisheitsbuch des Amenemope XIX, 18-23. Aus dem Papyrus 10, 474 des British Museum. Herausgegeben von H. O. Lange. Kopenhagen 1925, S. 99

S. 43 »Besser als Weisheit und Würde« – Zitiert nach: Koheleth oder Weltschmerz in der Bibel; *ein Lieblingsbuch Friedrichs des Großen*, verdeutscht und erklärt von Paul Haupt, Leipzig 1905, S. 3. – Ich weise an dieser Stelle auf J. C. C. Nachtigals sonderbare Bearbeitung des Buches: *Koheleth gewöhnlich der Prediger Salomo's*. Halle, bey Johann Jacob Gebauer 1798, X, 295 Seiten. Nachtigal versucht, das Rätsel des Buches zu lösen, indem er es in *Stimme* und *Chorgesang auflöst*. – Kohelet profitierte lange vom Ruhme Salomos. Mit der Aufklärung beginnt er seinen selbständigen Weg zum Herzen der Dichter und Denker zu nehmen. Dieser oft verschlungene oder steile Weg muß noch nachgezeichnet werden.

S. 45 »Von keinem Manne und keinem Ereignis kann je« – Joseph Bernhart, Bonifatius. Apostel der Deutschen. Paderborn [1950], S. 25

S. 47 »Ein Wissen, das kaum schon Atmen ist« – Alfred Mombert, Der Glühende. Gedicht-Werk. 3. Auflage, Leipzig 1921, S. 52

S. 47 *Folgt man dem Gebot, gelangt man beim Gebieter an* – »Ein Gebot, das danach schreit, wieder Leben zu bekommen, ist dies: ›Du sollst den Namen des Herrn deines Gottes nicht unnützlich führen‹; die frommen Juden nehmen in tiefer Einsicht in die innere Gewalt der Namengebung dieses Gebot furchtbar ernst und sprechen den Namen Gottes überhaupt nicht aus, umschreiben ihn vielmehr mit der wunderbaren Formel ›Der Heilige Israels, gesegnet sei Sein Name!‹ Aus dieser Haltung spricht eine religiöse Begabung, wie sie noch nie ein

Volk gehabt hat. In dem Nicht-Aussprechen und doch Wirkenlassen des Namens liegt der ganze Ernst der Religion; es ist, wie wenn die Natur, auf ihren Grund kommend, den Atem anhielte.« Hans Blüher, Die Achse der Natur. System der Philosophie als Lehre von den reinen Ereignissen der Natur. Stuttgart 1952, S. 396

S. 48 »Nur verschrumpfte Gebete gelingen« – Ferdinand Hardekopf, Notiz nachts [2 h 45 bis 2 h 47 matin]. In: Gesammelte Dichtungen. Herausgegeben von Emmy Moor-Wittenbach. Zürich 1963, S. 41

S. 48 »Rede ist nur Rede, während sie gesprochen wird« – Worte Mahaviras. Aus dem Kanon Jain von Walter Schubrig übersetzt. Göttingen 1926, S. 10; vergleiche: »Die Rede mißt vier Viertel, die kennen die Brahmanen, die weise sind. Drei Viertel [die Sprache der Götter und Dichter] bleiben ein Geheimnis, die bringen sie nicht in Umlauf. Ein Viertel der Rede [die gewöhnliche Sprache] sprechen die Menschen«, Rigveda 1, 164, 45. Zitiert nach: K. F. Geldner, Vedismus und Brahmanismus. Tübingen 1928, S. 55; vergleiche: »Europäer sprechen von nichts als von der Kunst zu denken, die Asiaten aber von nichts als von der Kunst zu reden. Wenn man es beym Licht besieht, so wird man leicht bemerken, daß der Ausdruck, denken, unbestimmt ist und nichts Concretes bezeichnet, während daß das Wort Reden in jenem Sinne nicht allein das Denken in sich begreift, sondern es auch sinnlich darstellt. Das Denken nemlich setzt einen gewißen Zusammenhang in unsern Begriffen und Vorstellungen voraus und dieser Zusammenhang kann nur allein durch Reden sichtbar gemacht werden. Es stimmt der Ausspruch des Califen Aly: *Der Mensch ist unter seiner Zunge verborgen.* Wir nennen also eigentlich denken, wenn wir Worte im Kopf haben, es sey, daß wir sie über gewisse Gegenstände still durch unsere Organe hin und herlaufen lassen oder daß wir sie mit vernehmlicher Stimme ausdrücken oder auf dem Papier niederschreiben. Und die Stufen des Denkens hängen so sehr von der Beschaffenheit der Worte ab.« Heinrich Friedrich von Diez, Betrachtungen über das Buch des Kubus. In: Buch des Kubus oder Lehren des persischen Königs Kjekjawujs für seinen Sohn Ghilan Schach. Ein Werk für alle Zeitalter. Aus dem Türkisch-Persisch-Arabischen übersetzt und durch Abhandlungen und Anmerkungen erläutert. Berlin 1811, S. 232 ff.

S. 48 »Ich bestehe ganz und gar aus Zukunft« – Nicolai Gogol an Konstantin Aksakow, Ende August 1847; siehe: Rolf-Dietrich Keil,

Nikolai W. Gogol mit Selbstzeugnissen und Bilddokumenten dargestellt. Reinbeck bei Hamburg 1985, S. 144

S. 51 *Das eine ist das andere; das Merkmal wird zum Denkmal* – »Eine ›Politik des Vergessens‹, glaube ich, hieß vor allem, ein Denkmal errichten.« Jean-Francois Lyotard, Heidegger und »die Juden«. Aus dem Französischen von Clemens-Caer Haerle. Herausgegeben von Peter Engelmann. Wien 1988, S. 12

S. 53 »In der Tat gibt es sehr viele Unsterblichkeiten« – Ernst Mayer, Kritik des Nihilismus. München 1958, S. 94

S. 53 »Reue ist doch nur eine Finesse des Gewißens« – [Alexander von Villers], Briefe eines Unbekannten. Ausgewählt und eingeleitet von Wilhelm Weigand. Leipzig 1925, S. 214f. – Eine lebendige Analyse der »Briefe eines Unbekannten« lieferte, unter dem Titel »Eine Tröst-Einsamkeit«, Felix Poppenberg in seinem Buch *Maskenzüge*. Berlin 1912, S. 100-121

S. 54 »Mit Lazarus glaube ich Recht gehabt zu haben« – Theodor Fontane an Karl Zöllner, 18.10.1894; vergleiche: Briefe IV. Herausgegeben von Kurt Schreinert und Charlotte Jolles. Berlin 1971, S. 126f. Zu einem Bericht in der VZ über den 70. Geburtstag von Moritz Lazarus

S. 55 »Dieser Kuß fehlt heute« – »Fände ich dich draußen, ich wollte dich küssen« (Das Hohelied 8,1). Vergleiche: August Wünsche, Der Kuß in der Bibel. Breslau 1911, S. 15: »Achtet man bei der Kußerteilung auf die Lauterkeit der Gesinnung, so lassen sich aufrichtige, wahre und heuchlerische, falsche Küße unterscheiden. Hinter den letzteren lauert Verrat. Mit der rechten Hand faßte Joab Amasa am Barte, um ihn zu küssen, mit der linken aber stieß er ihm das Schwert in den Leib ...« Es lag Moritz Lazarus sehr daran, daß August Wünsche (u. a. für: *Der Babylonische Talmud in seinen haggadischen Bestandtheilen wortgetreu übersetzt und durch Noten erläutert, Leipzig 1886*) Gerechtigkeit und Dank widerfahre: »Er ist so bescheiden, über Undank hat er wirklich zu klagen«, schreibt Lazarus am 4.12.1884 an David Kaufmann. Bücher aus Wünsches Privatbibliothek gelangten in meinen Besitz, aus ihnen konnte ich *seine* Dankbarkeit als Leser und Schüler, Strich um Strich kennen lernen.

S. 56 *Der Messias kommt vor, der Messias kommt nach, der Messias kommt und kreuzt vielleicht nicht auf* – »Um Gaskammern ohne Panik betreten zu können, brauchen die Juden den Messiasglauben in einer vollen, ursprünglichen Form. Die bei den Christen hinschwindende Erwartung der Parusie des Messias ist für die Juden ein unerläßlicher Lebenselexier und eine unverzichtbare Sterbenshilfe.« Salcia Landmann, Jesus und die Juden oder die Folgen einer Verstrickung. Berlin 1986, S. 316

S. 56 *Gott ist Abraham nicht erschienen ...* – »Wäre der Welt zu helfen, so hätte Christus nicht gesagt: ›Mein Reich ist nicht von dieser Welt‹« – Hieronymus Lorm, Bekenntnisblätter; verstreute und hinterlassene Aufzeichnungen eines Dichterphilosophen, eingeleitet von Philipp Stein. Berlin 1905, S. 195

S. 56 »Daß die Juden unter allen Umständen« – Paul de Lagarde. Zitiert nach J. Heinemann, Vom »jüdischen Geist«. Ein Wort an die Ehrlichen unter seinen Anklägern. 3. Auflage. Berlin 1924, S. 9. – »Wer die jüngste nationalsozialistische Entwicklung Deutschlands verstehen will, muß mit der Jahrhundertwende anfangen. Ich und manche andere hingen durch Lagarde mit dieser Strömung zusammen, wieder andere durch den ›Rembrandt-Deutschen‹. Auch unser neuer Kultus der deutschen Gotik gehörte dazu.« Ludwig Curtius, Deutsche und antike Welt. Lebenserinnerungen. Stuttgart 1956, S. 225. – Lagarde war ich zum erstenmal ganz unvorbereitet begegnet in Christian Morgensterns *Stufen, Eine Entwicklung in Aphorismen und Tagebuchnotizen*. München 1922. Dort las ich: »Wer an Nietzsche und Lagarde nicht immer wieder stirbt, um an ihnen auch immer wieder aufzuerstehen, dem sind sie nie geboren worden« und »Lagarde ist das stolzeste aber auch schroffste Gebirge, das ich kenne. So oft man auf ihn wandert, stürzt man in den Abgrund« (beides auf S. 78). Solche »Empfehlungen« eines ernsten Mannes wie Morgenstern nahm ich in meiner Jugend schrecklich ernst. Es sollte aber erst zwanzig Jahre später in meiner Lektüre eine Rolle spielen.

S. 56 »Daß Sie nach Palästina gehen wollen« – Wittgenstein – Engelmann, Briefe, Begegnungen, Erinnerungen. Herausgegeben von Ilse Somovilla unter Mitarbeit von Brian McGuinness. Innsbruck/Wien 2006, S. 74; vergleiche: »Die Juden in Palästina sind auf dem Weg zu einer Haltung, die genau wieder dort anzuknüpfen scheint, wo sie vor zwanzig Jahrhunderten abbrach. Diesmal aber werden die Am-Haarez [das Landvolk] siegen. Und es ist schöpferischer, europäischer Geist, der ihnen hilft. Aber nicht die Priorität der Ideen steht hier in Frage, sondern die Tatsache, daß ein Volk gleichsam zur Funktion des

Wartens der ganzen Menschheit auf eine Geistesoffenbarung, die noch bevorsteht, geworden ist und sich als ein Volk mit so eigener Aufgabe im Ringen um sein Schicksal betrachtet.« Alfons Paquet, In Palästina. Jena 1915, S. 107, 104

S. 57 »Im Sommer war ich in Berlin und fragte nach Ihnen« – Ricarda Huch an Alfred Döblin, 22. 10. 1933. In: Ricarda Huch 1864-1947. Eine Ausstellung. Marbacher Katalog 47. Herausgegeben von Ulrich Ott und Friedrich Pfäfflin. Marbach am Neckar 1994, S. 329

S. 57 »Der Jude ist eine wüste Gegend« – Ludwig Wittgenstein, Vermischte Bemerkungen. Eine Auswahl aus dem Nachlaß. Herausgegeben von Georg von Wright. Frankfurt a. M. 1987, S. 32; vergleiche: »Assimilierung halte ich für wünschenswert, sofern sie nicht Aufgehen bedeutet, sondern Annäherung und Einwirkung. Die Juden dürfen sich nicht mit dem Ideal durchdringen, Germanen zu werden. Nicht nur der Jude ist verloren, der sich totschießt, weil er nicht Reserveleutnant wird, sondern auch der, der es wird. Denn für ihn ist es zu Ende mit dem Zwang, Geist zu haben (wozu Fragwürdigkeit und Abseitigkeit ihn nötigen), mit dem Zwang, den Geist wenigstens zu lieben und ihn bei seinem ›Wirtsvolk‹ geltend zu machen. Was aber soll, wenn auch die Juden versagen, aus einem ›Wirtsvolk‹ werden, das schon jetzt an geistiger Unterernährung krankt? Wenn kein Jude mehr das öffentliche Leben ein wenig geistiger macht, und keine Jüdin mehr die Liebe? Die Folgen der vollständigen Assimilierung und die der Trennung wären gleich schauderhaft.« Heinrich Mann. In: Judentaufen. Herausgegeben von Arthur Landsberger. München 1912, S. 69

S. 57 »Der Satz: ›Ich bin J., dein Gott‹ (Exodus 20,2) bedeutet zugleich« – Fridolin Stier, Vielleicht ist irgendwo Tag. Aufzeichnungen. Freiburg/Heidelberg, 2. Auflage 1981, S. 30

S. 58 »*Ehje ascher ehje*« – *Ich bin, der ich bin* – »Allen Abweisungsmustern geht das der Namensnennung als Namensverweigerung im Alten Testamen voraus, wo der Gott sich zugleich zu erkennen gibt und vorenthält, indem er sich nennt: *Ich werde sein, der ich sein werde*. So jedenfalls übersetzt Luther, da das Verbum *haja* kein Präsens besitzt, für *ehje ascher ehje*. Die Namensverweigerung in dieser immer geheimnisvoll gebliebenen Formel kann nur dem späten und philosophisch verwöhnten Ohr als ein Stück Seinszuflüsterung erschienen sein.« Hans Blumenberg, Arbeit am Mythos. Frankfurt a. M. 1979, S. 249

S. 61 »Denn diese ganze Welt hat sich herausgefrevelt« – Die Erzählung vom Sterben des Mani. Aus dem Koptischen übertragen und rekonstruiert von Dr. J. W. Ernst. Mit Einleitung über den Manichäismus und die Wesenheit des Mani. Basel 1941, S. 54. – Es sei hier an das Wort von Leopold Schefer erinnert: »An ihren Göttern starben alle Völker, / und sterben noch daran.« Mit diesem Wort, ohne dessen Urheber zu nennen, beendet Ferdinand Kürnberger seine Gelegenheitsrede *Die Kirche und die Sittlichkeit*, siehe: Gesammelte Werke. Herausgegeben von Otto Erich Deutsch. 1. Band, Siegelringe. Eine Sammlung politischer und kirchlicher Feuilletons. München 1910, S. 349

S. 63 *Meine Bücher sind der Sammelpunkt vieler Toten* – »Für heut genug! Wir sind am Ziel. / Ich häng' an diesen Leichenstein / Im Abendroth mein Saitenspiel. / Du aber, lieber Leser mein, / Hab Dank, fahr wohl und lass mich hier allein!« Hans Hopfen, Abschied vom Leser

S. 63 *Der wesentlich gewordene Mensch geht, ohne Schlußgebet in seine Anfänge ein* – »Zehn Verse noch – und das Gebetbuch ist zu«, Morris Rosenfeld, Jomkipur Abend. In: Lieder des Ghetto. Autorisierte Übertragung aus dem Jüdischen von Berthold Feiwel, mit Zeichnungen von E. M. Lilien. Berlin 1902, S. 80; »In prächtigem Gewande gehen die Lieder, die im Dunkel und in der Not entstanden sind, in die Welt ...« (Aus der Vorrede des Übersetzers). Mit diesem Hinweis möchte ich folgende handschriftliche Widmung überliefern: Dem Dichter Elasar Benjoetz freundschaftlich überreicht am Ausgang des Schawuoth 5723 Darmstadt 29. V. 63 von Ben Isaak (Alois Kümmelkäs) alias Meidner. – Ludwig Meidner gehörte zu meiner »deutschen Jugend«; unter den hier genannten Pseudonymen schrieb er in den dreißiger Jahren. Wenn Expressionismus und Dada ohne Jakob van Hoddis schwer zu denken sind, so ist Jakob van Hoddis selbst für alle Nachfolger schwer zu denken, ohne die Porträts, die Ludwig Meidner von ihm machte. In jedem von ihnen sind Anfang und Ende beieinander, als hätte er die Befugnis, des Dichters Seele auf Vers und Wahn zu kneten. So erkläre ich mir auch die Bedeutung der »Menschheitsdämmerung« für meinen »Weg als Israeli und Jude ins Deutsche.« Vergleiche: Elazar Benyoëtz, Das abgewartete Gesicht (Eine Erinnerung). In: Querschluß. Herrlinger Drucke 7. Herrlingen bei Ulm 1995, S. [48-52]. – »Sehr verehrter Herr Benyoetz, trotz Arbeitsüberlastung und augenblicklich etwas geschwächter Gesundheit antworte ich Ihnen gleich und ausführlich auf Ihren Brief, weil er mich sehr gerührt hat, und weil ich Ihnen viel unnütze Arbeit ersparen möchte. Ich freue mich sehr über die freundlichen Worte, die Sie über meine ›Menschheitsdämmerung‹ schreiben, und ich hoffe, daß Sie inzwischen ein Exemplar der Neuausgabe erhalten haben, die eine neue Einleitung hat, welche für Sie besonders aufschlußreich sein wird und Ihrem Gefühl Recht gibt, daß es sich um ein Buch der Freundschaft und Gemeinschaft handelt. Vor allem aber finden Sie dort einen sehr ausführlichen biographischen und bibliographischen Teil über jeden einzelnen der in dem Buch enthaltenen Dichter, der in dieser Ausführlichkeit und Genauigkeit bisher noch nicht existierte und wohl auch nur von mir zusammengebracht werden konnte, so daß es vollkommen unsinnig wäre, wenn Sie diese ganze Arbeit noch einmal machen würden, noch dazu von Israel aus, von wo aus dies ganz unmöglich wäre. – Ich bitte Sie noch einmal herzlich und dringend, mir zu glauben, daß die Dichter der expressionistischen Generation während der letzten Jahre, augenblicklich und in Zukunft durchaus nicht als vergessen betrachtet werden können. Ihr Kurt Pinthus, New York, 22.12.1960« [Erstdruck]

S. 65 *Sie schenkte mir ihre ganze Erinnerung* – vergleiche: Klara Klein, Hanna Hellmann. Erlangen-Fürth: Ner-Tamid-Verlag 1968, 112 Seiten. Das war der Anfang, es folgten ein Briefwechsel und schließlich das erschütternde, unbekannte Malwerk, in bunter Kreide auf Butterpapier. »Wohl dem, der hilft dem Helfenden, daß er kann helfen«, schrieb sie an Klare Klein. »Wenn Hanna Hellmann in Versen sprach oder sang«, berichtet Klara Klein, »dauerte es meist länger als ein bis zwei Stunden.« – »Ich hoffe sehr auf mein Erlöschen, aber ich wage noch nicht, es zu glauben«: Dr. Phil Hanna Hellmann, eine Frau hohen Ranges »gehörte zu dem Transport, der, nach Aktenvermerk, am 15.06.1942 nach Izbica, Polen, fahren sollte.« Aus der Heilanstalt Sayn bei Koblenz, auf den Spuren Hans Davidsohns, das ist Jakob van Hoddis, der am 30.04. unter der Nr. 8 aus dem gleichen Ort, in gleicher Richtung deportiert wurde. »Die nahen Beziehungen, die zwischen dem spekulativen Grundgedanken des Aufsatzes über das Marionettentheater und der romantisch-idealistischen Philosophie bestehen, sind in der interessanten und gehaltvollen Schrift von *Hanna Hellmann* (H. v. Kleist, Darstellung des Problems, Heidelberg 1911) eingehend dargelegt worden.« Ernst Cassirer, Idee und Gestalt. Goethe/Schiller/Hölderlin/Kleist. Berlin 1924, S. 191 f.

S. 67 »Nicht verlautbaren« – Lazarus Trost, vergleiche: Elazar Benyoëtz, Himmel – Festland der Bodenlosen. Eine Morgenlesung.

Abgedruckt in: Dirscherl/Sandherr/Thomé/Wunder (Herausgeber), Einander zugewandt. Die Rezeption des christlich-jüdischen Dialogs in der Dogmatik. Paderborn/ Wien/Zürich 2005, S. 161-189

S. 70 »Den Sinn mit Worten anzutasten, scheut sich der Fragende« – Nora Braun, Nachwort zu: Otto Braun, Goethe und Schelling. Eine Studie. In: Jahrbuch der Goethe-Gesellschaft. Herausgegeben von B. Hans Gerhard Gräf, 9. Band. Weimar 1922, S. 214. Es ist das letzte Wort Nora Brauns über ihren jung aus dem Leben freiwillig geschiedenen Mann. – Vergleiche:

>»Ein Gestrüpp erlaubter Fragen,
die dein Mund vorzeit verneint«.

Georg von der Vring, Leidensbuch. In: Die Lieder des Georg von der Vring. München 1956, S. 155. In Erinnerung an den Dichter, der in der Isar endete. Wir waren in Wahrheit und Dichtung verbunden. Das Exemplar, aus dem ich zitiere, ist sein mit Korrekturen versehenes Handexemplar, das er »S[einem] l[ieben] / Elazar Benyoëtz / herzlich gewidmet« hat im Juli 1963. Vergleiche: Elazar Benyoëtz, Geht man in sich, wird man erinnert. In: Jens Stüben und Winfrid Woesler in Zusammenarbeit mit Ernst Loewy (Herausgeber): Wir tragen den Zettelkasten mit den Steckbriefen unserer Freunde. Beiträge jüdischer Autoren zur deutschen Literatur seit 1945. Acta-Band zum Symposion »Beiträge jüdischer Autoren zur deutschen Literatur seit 1945« (Universität Osnabrück, 1.-5. 06. 1991). Darmstadt 1993, S. 126-135; Ders.: Haltungen. In: Querschluss. Herrlinger Drucke 7, 1995, S. [7-9]

S. 70 *Es geht nicht an, seine Zweifel mit Gott teilen zu wollen* – »... der Zweifel wird nicht durch den Glauben besiegt, sondern nur durch seine eigenen Argumente: sie müssen bloß wirklich zu Ende gedacht werden, denn gerade dies ist die unveräußerliche und ewige Gnadenaufgabe der Ratio.« Hermann Broch an Ludwig von Ficker, 28. 11. *1937*. In: Ludwig von Ficker, Briefwechsel 1926-1939. Innsbruck 1991, S. 320

S. 71 »Drury, denken Sie an den Sabbat!« – Ludwig Wittgenstein, Porträts und Gespräche; Hermine Wittgenstein, Fanja Pascal, F. R. Leavis, John King, M. O'C. Drury. Herausgegeben von Rush Rhees. Mit einer Einleitung von Norman Malcolm übersetzt von Joachim Schulte. Frankfurt a. M. 1992, S. 211

S. 71 »Und an jenem Abend, da der junge Sabbath« – Isaak Babel, Drei Welten. Gesammelte Erzählungen. Übersetzung aus dem Russischen von Dmitrij Umanskij. Berlin 1931, S. 203

S. 72 *Der Todesengel ist der einzige, der sich verjüngt und täglich überlebt* – »Der Orient hat das Abendland vielfach befruchtet, er hat ihm immer wieder Formen und Gedanken geschenkt. Der Westen hatte nichts dergleichen zu bieten, nur seine Krankheiten, seine Todeskeime schlugen nach Osten zurück. Die Zivilisation war die Form, in die Europa die Dämonen des Westens umlog, um sie so für sich schmackhaft und erträglich zu machen. Der Geist des Todes erhielt damit den äußersten Schein des Lebens, nämlich der Nützlichkeit für das Leben. Und eben in dieser trügerischen Gestalt hat er dann seine Rückwanderung nach dem Mittagsland angetreten. Unter dieser Maske bemächtigte er sich des Herzens der Welt. Wir alle dienen heute und mit jedem Tage mehr den Göttern Amerikas, dem Teufel Huitzilopochtli und seinem Anhang... Aber das alles wird uns ebenso wenig wie seinerzeit die Azteken vor dem Untergang bewahren; denn die Bilder halten nicht. Was sie abbilden wollen, hat keine Wirklichkeit. An den Opfern mästet sich nur der Tod, und je mehr wir ihn mästen, um so gefräßiger wird er.« Erwin Reisner, Der Dämon und sein Bild. Berlin 1947, S. 294

S. 73 »Ich schrecke vor dem Gedanken nicht zurück.« – Heymann Steinthal, Allgemeine Ethik. Berlin 1885, S. 492

S. 74 *Der Fremde rührt an unsere Intimität* – »III B. Mose 19,33. Wir finden der Fremden so oft in der Heiligen Schrift gedacht, daß Gott besondere Ursachen gehabt zu haben scheint, den Juden die Pflicht zu empfehlen, sich der Fremden anzunehmen.« Johann Georg Hamann, Biblische Betrachtungen eines Christen. In: Schriften. Ausgewählt und herausgegeben von Karl Widmaier. Leipzig 1921, S. 132

S. 75 »Der Mensch ist das einzige Wesen, welches vermißt« – Ortega y Gasset, Eine Interpretation der Weltgeschichte. Rund um Toynbee. Übersetzt von Wolfgang Halm. München 1964, S. 221; vergleiche: »Der Mensch wird in dem Garten Eden gesetzt, aber das Glück kann ihm nur aus der Erfüllung einer Aufgabe ersprießen לעגדה ולשמדה daß er den Garten bearbeite und ihn hüte. Die Liebe Gottes spendet das Glück, aber die Gerechtigkeit fordert, daß das Glück durch ein Verdienst erworben werde.« J(oseph) Wohlgemuth, Der Weltkrieg und die Juden. Berlin, 5. Auflage 1918, S. 144f.

S. 75 Arabische Sprichwörter – Enno Littmann, Morgenländische Spruchweisheit, Arabische Sprichwörter und Rätsel. Leipzig 1937, S. 6, 4

S. 76 »Frauen scheinen sich häufiger als Männer.« – Margarete Mitscherlich, Erinnerungsarbeit. Frankfurt a. M. 1987, S. 32

S. 77 *Auch Antisemiten sind keine, wenn sie nur einen Juden lieben.* – »Vernunftgründe entscheiden in dieser Sache nicht. Sie tun es ganz gewiß nicht. Sonst schimmelte der Antisemitismus samt seinen Argumenten längst in den Museen neben der Eisernen Jungfrau, dem gespickten Hasen und den spanischen Stiefeln. Es ist eine Sache inwendiger Parteinahme auf der Ebene grundsätzlicher geistiger Entscheidungen: Sind meine Lungen so beschaffen, daß ich atmen kann in der Chlorgas-Atmosphäre des Judenhasses – oder brauche ich zum Atmen Lebensluft unter liebenden Himmeln und weit hinausgerückten Horizonten? Gehöre ich zu den gespenstischen Wesen der ersten Art, so möge ich mein Dasein, nur von vampirischen Nachtflügen unterbrochen, im Exil des Hasses verhocken. Gehöre ich zu den andern, den Menschen, so wird all mein Tun ein Auftun und ein Lichttragen sein, ein Verwirklichen des Menschentums, und ich werde aus allem, was Leben, Geist und Natur an mich herantragen, die Mahnung hören, frei zu sein, die Knechtschaft abzutun und ein großer Liebender zu werden.« Wilhelm Michel, Verrat am Deutschtum. Eine Streitschrift zur Judenfrage. Hannover/Leipzig 1922, S. 43

S. 78 »Religion zu predigen ist nicht Sache des Dichters« – Richard Dehmel an Christoph Flaskamp, 26.6.1910. In: Ausgewählte Briefe aus den Jahren 1902 bis 1920. Berlin 1923, S. 218

S. 78 »Man wundert sich manchmal, daß Galilei« – Ludwig Bamberger, Charakteristiken. In: Gesammelte Schriften II. Berlin 1894, S. 248

S. 80 *Der jüdische Witz* – »Der deutsche Witz findet höchstens einer Person gegenüber die passende Replik; der jüdische ist auch auf Thiere und Abenteuer eingerichtet und antwortet sich selbst.« Bogumil Goltz, Der Mensch und die Leute. Zur Charakteristik der barbarischen und der civilisirten Nationen. Drittes Heft. Zur Charakteristik der Türken, Russen, Polen und Juden. Berlin 1858, S. 165. – »Ich glaube, die deutsche Anekdote umgestaltet zu haben, indem ich aus dem früher üblichen Dialog unbekannter Menschen die Epik persönlichen Erlebens machte.« Roda Roda, Mein Lebenslauf. In: Der Querschnitt. Facsimile Querschnitt durch den Querschnitt 1921-1936. Herausgegeben von Wilmont Haacke und Alexander Baeyer. Frankfurt a. M./Berlin/Wien 1977, S. 274; über die Geburt des jüdischen Witzes aus dem Lachen

Abrahams, siehe: Elazar Benyoëtz, Abrahams Lachen und Isaaks Furcht, ein Dialog [Hebräisch]. In: Sahadutha. Jerusalem 5726 (1966), S. 24-28; P[inha]s Kohn: Das heilige Lachen [um Psalm 2,4 herum]. In: Nachlat Zwi. Eine Monatsschrift für Judentum in Lehre und Tat. III. Jahrgang 5693 (1933), S. 306-310

S. 80 *Im Nebel mit Gott – nicht eins, nur hörsichtig geworden.* – »Höre ich die Worte der Psalmen oder der Propheten Israels, so trete ich, unter Erregung des Glaubenszustandes, für die Dauer des Erklingens Gott als Erkennender gegenüber. Sind sie aber verklungen, so folgt noch eine kurze Gnadenfrist, gleich einem Nachbilde: dann aber ist es aus; die Erkenntnis Gottes hat aufgehört. Trete ich nun, um zu retten, was zu retten ist, ins begriffliche Denken über und sage mir: es müsse doch aus diesen und jenen schwerwiegenden Gründen einen Gott geben, so verfange ich mich sofort in den »dialektischen Widerstreit der Vernunft« und dresche leeres Stroh. Mit anderen Worten: Gott gehört als Gegenstand der Erkenntnis *nur* der anschaulichen Welt an, nicht dagegen der begrifflichen. Träger aber dieser anschaulichen Welt, in der das Wort Gottes die erste Stimme hat, ist das Ohr. Da das im Bewußtsein geschieht, und ich weiß, daß ich erkenne, so folgt daraus, daß Gott sehr wohl Gegenstand des Verstandes ist, nicht aber der Vernunft. Denn ich verstehe ja, was der Prophet zu mir redet, und der erregte Glaube zeigt mir die Kostbarkeit des Vernommenen an. Nichts aber wird dabei an seiner Unbegreiflichkeit geändert.« Hans Blüher, Die Achse der Natur. Stuttgart 1952, S. 464 – Zu Hans Blüher vergleiche: Elazar Benyoëtz, Treffpunkt Scheideweg. München 1990, S. 25-26, 66. Unter den falschen, an sich unsauberen deutschen Propheten, gehörte Hans Blüher zu den echten. Seine Faszination vom Judentum ließ er nicht spurlos an sich vorübergehen. Er war ein Denker im Zeichen Bileams, der fluchen wollte und segnen mußte; sein Stil war philosophisch-diabolisch, seine Wirkung verheerend, doch war er Nazi nicht.

S. 81 »Wir meinen, wir müßten die Sprache der Bibel« – Ricarda Huch, Der Sinn der Heiligen Schrift. Leipzig 1919, S. 5

S. 81 *Thora besagt, daß alles Lernen sich auch auf Gott erstreckt* – »Gieb deinen Religions-Unterricht unentgeldlich, und laß dich dafür nicht belohnen; denn Gott gab seine Lehre unendgeldlich, und man darf sich (daher) für ihren Unterricht nicht lohnen lassen. Thuest du es dennoch, siehe, du bereitest der sittlichen Weltordnung den Untergang.« Masschecheth Derech Erez Sutta. Eine Sammlung der reinsten und kernhaftesten Sitten- und Anstandslehren der ältesten Rabbinen als ein würdiger Anhang zu den Sprüchen der Väter (Pirke Aboth) und als ein vortreffliches Sittenbüchlein für die israelitische Jugend. Herausgegeben mit einer getreuen Übersetzung und erläuternden Anmerkungen von J. Harburger, Rabbinats-Candidat. Bayreuth 1839, im Selbstverlag des Herausgebers, S. 29

S. 82 »Die Juden – mit einem sehr wachen Gefühl« – Dorothy Sayers, Homo creator. Eine trinitarische Exegese des künstlerischen Schaffens. Aus dem Englischen von Dr. Lore Zimmermann. Düsseldorf 1953, S. 38; vergleiche: »Unsere Propheten, Sänger und Weisen reden von Gott immer in Bildern und oft recht drastischen Bildern, aber sie sind sich immer bewußt, daß es Bilder sind. Rache ist eine Leidenschaft, ihre Ausübung in Lev. 19,18 dem Menschen ausdrücklich verboten. Wie könnte das große Vorbild, als das Gott in diesem Gesetzesabschnitt zur Nacheiferung weckt (»Heilig sollt ihr sein, denn heilig bin ich, Euer Gott« – ebd. V. 2) selbst Handlungen ausüben, die von ihm als verwerflich bezeichnet werden. Ein Gott der Vergeltung, der Gerechtigkeit ist freilich der Ewige. Das Christentum kann das Attribut der Gerechtigkeit in seinem Gottesbegriff nicht entbehren. Die Frage kann nur sein: Ist die Liebe Gottes vorstellbar ohne die Grundlage der Gerechtigkeit: kann sie ihre Kraft bewähren, ohne daß der Mensch durch Handlung oder Gesinnung sie errungen. In diesem Sinn stellt das Judentum die Eigenschaft der Gerechtigkeit Gottes in den Mittelpunkt aller Aussagen über Gottes Wesen und Wirken. Wie unendlich groß die Liebe Gottes, sie muß sich auseinandersetzen mit dem Attribut der Gerechtigkeit, sie kann nicht wirksam werden, wenn die Gerechtigkeit zu kurz kommt. Nur Unwissenheit oder Böswilligkeit kann leugnen, daß in dieser Gerechtigkeit Gottes immer das Attribut der Liebe mitgedacht wird. Denn die Gerechtigkeit Gottes ist das Zentrum jüdischen Denkens und das Problem der Theodicee darum das wichtigste Problem.« J(oseph) Wohlgemuth, Der Weltkrieg und die Juden. Berlin, 5. Auflage 1918, S. 147

S. 86 »Jeder Tag ist für sich selbst genug« – Etty Hillesum, Das denkende Herz der Baracke. Die Tagebücher 1941-1943. Herausgegeben und eingeleitet von J. G. Gaarlandt. Aus dem Niederländischen von Maria Csollány. Freiburg/Heidelberg 1983, S. 209

S. 87 Genesis Zweiundzwanzig – vergleiche: Elazar Benyoëtz, Keine Macht beherrscht die Ohnmacht. Eine ungebundene Lesung um Abraham und seinen Gott. In: Bernhard Greiner/Bernd Janowski/Hermann Lichtenberger (Herausgeber), Opfere deinen Sohn! Das ›Isaak-Opfer‹ in Judentum, Christentum und Islam. Tübingen 2007

S. 92 *Die Gerechtigkeit ist der Grund, der Glaube der Boden.* – »Karl Ballod erzählt, daß die »Propheten« auf ihn Eindruck gemacht hätten, es sei darin so viel sozialistisches Empfinden enthalten, er verwies auf das »Jubeljahr«. Otto Neurath meinte, daß es Ähnliches auch in Griechenland, die Seisachtheia, und in Rom gegeben habe. Ballod schüttelte den Kopf, und Popper sagte: »Nein, das kann man nicht vergleichen. Nicht bei den Griechen und Römern und auch nicht bei den Indern finden Sie einen Satz wie diesen: ›Du sollst dem Ochsen nicht das Maul verbinden, wenn er drischt.‹ Bei den Griechen und Römern finden Sie Gefühl für Gerechtigkeit, aber keine Wärme.« Josef Popper-Lynkeus, Gespräche. Mitgeteilt von Margit Ornstein und Heinrich Löwy. Mit einem Vorwort von Dr. Julius Ofner. Wien/Leipzig 1925, S. 27 f. (Exemplar von Felix Salten). Ballod schrieb unter dem Pseudonym Atlanticus das Buch »Der Zukunftsstaat«. – »Es geht mir mit Ihnen wie einst mit [Popper-]Lynkeus: ich war nur einmal mit Ihnen zusammen und fühle mich doch schon von Ihnen abhängig, – nicht von dem was Sie sagen und schreiben, das ist wieder etwas anderes, sondern von Ihrer Existenz. Es ist mir so unendlich mehr um Menschen zu tun als um irgend ein Wort, das höchste nicht ausgenommen; und Menschen sind das seltenste Weltprodukt. Die heutige Gesellschaft und ›Kultur‹ sind ganz auf Mittelbarkeit gestellt; on se ménage; wofür? Mir will es scheinen, daß nicht das Werk, sondern der unmittelbare menschliche Verkehr die wirkliche Unsterblichkeit ist.« Martin Buber an Fritz Mauthner, Frankfurt am Main, 2. VI. 06 [ungedruckt; in meinem Besitz, EB]

S. 96 ... *als Sohn der Verheißung muß er zurückkehren, mit dem Vater, allein oder dereinst auf dem Esel –* »Die Linie, welche von Morija nach Golgatha führt, verläuft in der gerade entgegengesetzten Richtung. Und hier stoßen wir auf den Punkt in der christlichen Lehre, *der dem Juden ewig unfaßbar und unzugänglich bleibt.* Ein heutiger Christ von der geistigen Höhe Artur Brausewetters bekennt: gegen einen Gott, der von einem Vater verlangt, daß er ihm seinen einzigen Sohn opfern soll, lehnen sich seine sittlichen Begriffe, seine ganzes menschliches Empfinden auf; obwohl er weiß, daß Gott dies gar nicht verlangt, sondern nur den Glaubensgehorsam und die Liebe Abrahams auf die Probe stellen will, (weswegen wir Juden ja gar nicht ›Opferung‹ sondern nur ›Fesselung Isaaks‹ sagen), obgleich die ganze Begebenheit gar nicht als Glaubenstatsache, sondern als poetische Einkleidung zweier hoher Ideen auftritt. Man stelle sich nun einen Juden der evangelischen Zeit vor. Dieser wußte genau, daß die Begebenheit von Morija bereits in altersgrauer Zeit sich abgespielt hatte; die das Opfer betreffenden Lehren der Propheten waren ihm in Fleisch und Blut übergegangen, seine Rabbinen hatten ihm unablässig gepredigt, daß von Gott einzig begehrte Opfer sei die Gesinnung des Herzens. Und einem solchen Juden wurde zugemutet, an die Begebenheit von Golgatha nicht nur zu glauben, sondern sie zur Grundlage des Neuen Bundes zu machen, den Gott mit ihm geschlossen haben sollte. Man vergegenwärtige sich doch den Inhalt dieser Lehre: Jesus Christus, der eingeborene Sohn Gottes, in der heiligen Dreifaltigkeit mit Gott identisch, ist am Kreuz gestorben, um die Menschheit zu erlösen, ihre Sünden zu sühnen. Gott sah, daß die Menschheit in dem Pfuhl der Sünde versunken war und Satans Macht zu verfallen drohte, und er beschloß, sie zu erlösen. Aber wie sollte er das anfangen? In alten Zeiten sandte er in derartigen Fällen seine Propheten zu den Menschen, nicht nur zu den Juden, sondern auch, wie Jonah, zu den Heiden, und die Propheten mahnten sie mit zornmütigen Reden zur Umkehr und sprachen zu ihnen in liebevollen Worten von Gottes unerschöpflicher Gnade und Langmut. Ehemals dachten die Menschen freilich, Gottes Zorn durch blutige Tieropfer beschwichtigen und seine Gunst erwerben zu können – gleich wie sie in barbarischen Jahrhunderten ihren blutrünstigen Götzen zu demselben Zweck Menschenopfer darbrachten. Allein, diesen letzteren Wahn hatte der Gott Abrahams schon auf dem Berge Morija vernichtet. Und dann hatten die Propheten Israels in eisernem Kampf den Opferglauben in der Wurzel zerstört. Gott fand kein Gefallen an dampfendem Fleisch. Er duldete es aus Nachsicht mit der Schwäche der Menschen, daß die Menschen sich ihm anschließen und seine Wege wandeln. Was das heißt, sich Gott anschließen, das lehrten die Rabbinen: sich seine Attribute aneignen. Gleich wie er barmherzig ist, so sei auch du barmherzig, gleich wie er gütig und langmutig ist, so sei auch du gütig und langmutig, gleich wie er gerecht. Suchet Gott, denn er läßt sich finden, rufet ihn, denn er ist nahe. Es verlasse der Frevler seinen Weg und der Mann des Unrechts seine Pläne und kehre zum Ewigen, und er erbarmt sich sein, zu unserem Gott, der unendlich viel vergibt. So wahr ich lebe, spricht Gott, will ich denn, daß der Frevler sterbe? Nur daß er von seinem Wege umkehre und am Leben bleibe. Er war der gerechte, strenge König, er war der gütige, barmherzige Vater. Und alle Menschen, die ihn anriefen, waren seine Kinder. Doch urplötzlich soll sich der alte Gott die Sache überlegt haben: es genügte ihm auf einmal nicht mehr, daß die Menschen ihren Missetaten entsagten und zu ihm zurückkehrten. Er wollte ein blutiges Opfer, sogar ein Menschenopfer haben. Er fühlte sich außerstande, die Menschheit zu erlösen, solange nicht ein Mensch ihm zu Ehren am Kreuze starb. Aber um der Welt zu beweisen, wie sehr er sie liebte, sollte dieses Opfer sein eigener Sohn sein. Ehedem waren alle Menschen seine Kinder – nun hatte er einen eingeborenen Sohn. Und dieser Sohn mußte Menschengestalt auf sich nehmen, einen grauenvollen Tod erleiden, um als Opfer zu seinem Vater zurückzukehren. Dann erst war Gottes Zorn besänftigt. Sonst war Gott kraftlos, die Menschheit zu erlösen. Doch dieser Sohn war mehr als das: Er war Gott selbst. Gott hatte sich als Opfer für die Menschheit dargebracht. Wem aber ward dieses Opfer dargebracht? Niemandem anders, als ihm selbst. Der liebe Gott hatte den lieben Gott dem lieben Gott geopfert. Aber mittlerweile hatte sich eine furchtbare Tragödie abgespielt: ein schuldloser Mensch, ja, viel mehr als das, ein Gottmensch, hatte einen martervollen Tod erduldet mit allen seinen Bitternissen und Demütigungen. Doch das mußte so sein. Das lag im göttlichen Weltenplan. Gottes eingeborener Sohn, empfangen von Maria in unbefleckter Jungfräulichkeit, mußte unter Qualen am Kreuze sterben, sein heiliges Blut mußte den Sand der Richtstätte färben, damit sein Vater imstande war, die Menschheit zu erlösen. Sonst wäre die Menschheit in dem Pfuhl der Erbsünde geblieben, versunken, der Gewalt des Bösen verfallen und nimmer der Seligkeit teilhaftig geworden. Er mußte also sterben. Und durch wessen Hände mußte er sterben? Durch die Hände seiner eigenen Brüder, die das Volk Gottes waren, von ihm selber so bezeichnet. Sie mußten ihn martern und töten – sonst wäre Gott um sein Opfer gekommen und das Menschengeschlecht in alle Ewigkeit verdammt; die Erbsünde würde immerdar die Kinder Adams in ihrem Banne halten. Hätten sie ihn nicht getötet, sie hätten Gottes Erlösungsplan vereitelt. Sie mußten ihn töten, obgleich ihre Richter sonst grimmige Feinde der Todesstrafe waren. Es war Gottes Wille. Sie mußten sein Blut auf ihr Haupt laden, den ewigen Fluch der schrecklichen Tat auf die Häupter ihrer Nachkommen bis ans Ende der Tage. Gott wollte es so. Gott hatte sein Volk zum Henker seines Sohnes auserkoren. Du tötest meinen Sohn und sein Blut erlöst die Welt, du aber bleibst verdammt – oder du tötest ihn nicht, ich kann die Welt nicht erlösen, und du bleibst erst recht verdammt. Das war der Dank Gottes, das war der Lohn Gottes an sein Volk, dafür, daß es ihn zuerst erkannt und geliebt, in tausendjähriger Entsagung auf staatliche Macht und Herrlichkeit verzichtend, sich zu seiner Erkenntnis durchgerungen, den Haß und den Spott einer Welt auf sich geladen, um ihn zu verkünden, seine Schlachten geschlagen, ihn treu und mutig bekannt und, tausend übermächtigen Feinden zum Trotz, sein Gesetz zum Gesetz der Welt erhoben hatte. Gott hätte seinen Sohn getrost anderwärts Menschengestalt annehmen lassen können: in den Urwäldern Germaniens, im ewigen Rom, in dem schönen und weisen Athen, die ja jetzt ohnehin auch sein menschlich Teil für sich in Anspruch nehmen. Aber er wollte just, daß sein Volk in das Blut seines Sohnes die Hände tauchte, um noch zweitausend Jahre nachher dafür als »gottesmörderisches Volk« blutig verhöhnt und verfolgt zu werden. Gott wollte es nicht anders. Fürwahr, milder und gerechter kann selbst ein Gott nicht sein.« Benjamin Segel, Morija und Golgatha. Berlin [Ostern] 1915, S. 13 ff.

S. 98 *Hier-bin-ich* – Abraham und Moses – Grund und Boden; Abraham – des Glaubens Grund, Moses – eines ewigen Volkes Nährboden. Abraham oder Moses? Die Jahrhunderte legten genug von Moses in Abraham. Ist die Frage aber auch nicht laut geworden, hörte sie doch nicht auf, die Gemüter und die Gedanken zu bewegen. Vom Schlüsselwort »Hier bin ich« geht der Midrasch die Frage an. Bei zwei Gelegenheiten, heißt es da, stellte sich Moses dem Abraham gleich, Gott ließ ihn aber verstehen, daß ihm das nicht zukäme. Abraham hatte sich mit dem Ruf (Gen. 22,1 und 12) »hier bin ich« zur Hohenpriesterwürde und zum Königtum bereit erklärt, und er wurde des Priestertums (Ps. 110,4) und des Königtums würdig erachtet; auch Moses rief »hier bin ich« (Exodus 3,4), aber mit den Worten »Nähere dich nicht hierher« (ebd. Vers 5) wurde ihm angedeutet, daß er keine der beiden Würden erlangen könnte. Ich begnüge mich damit; in diesem Buch geht es mir um das »Hierbinich«. Im übrigen »ließ ER von Abram sich sehen und sprach zu ihm« (Genesis 17,1) – was er sehen durfte ging weder aus dem Gehör noch aus dem Wort hervor. Gott war die Sicht, nicht die Einsicht, auch nicht, wie bei Moses, die Hörsicht und die Rufweite.

S. 99 »Ich preise die gegenwärtige Abwesenheit, die Sehnsucht« – C. F. Meyer. Zitiert nach: Ferdinand Baumgarten, Das Werk Conrad Ferdinand Meyers. Herausgegeben von Hans Schumacher. Zürich 1948, S. 214

S. 100 *Ohne Zweifel kommt der Glaube nicht zu seiner Gewißheit* – »Gewißheit aber gibt es über die Unwirklichkeit nicht, und das Wirkliche ist nicht der Gewißheit wert. Die bis zum äußersten Neuen vorgedrungenen Menschen sind wohl zu allen Zeiten die Ahnenverehrer gewesen; denn wie sollte diesen fernen Ahnen irgendein Gedanke in seiner Gesamtheit fremd gewesen sein?« Ernst Fuhrmann, Priester. Berlin 1925, S. 21, 63

S. 106 »Thales sagte« – Zitiert nach: Francis Bacon, Apophtegmata, eine Sammlung alter und neuer Anekdoten. In: Kleinere Schriften. Übersetzt und erläutert von G. Fürstenhagen. Leipzig 1884, S. 259-298

S. 106 »Bonifatius suchte sich vor dem Schwert« – Joseph Bernhart, Bonifatius. Apostel der Deutschen. Paderborn [1950], S. 228 f.

S. 107 »Am Anfang, an ihrem Aufblühen« – Jacob Burckhardt, Weltgeschichtliche Betrachtungen. Herausgegeben von Jakob Oeri. Berlin/Stuttgart 1905, S. 58

S. 109 *Denken – sich verjenseitigen* – »›Denken‹ ist die Arbeit, ein Leben in sich aufzunehmen, das vorher überhaupt nicht vorstellbar gewesen ist. ›Dichten‹ ist die Arbeit, den riesenhaften Inhalt von gewesenem Leben zusammenzufassen und zu verkürzen, dadurch in eine kleine Menge von hoher Art und von schnellster Zeit zu bringen.« Ernst Fuhrmann, Priester. Berlin 1925, S. 14 f.

S. 110 »Es lag nicht in der Art seines Schicksals« – Friedrich Sieburg, Otto Flake und die Deutschen. In: Verloren ist kein Wort. Stuttgart 1966, S. 202

S. 110 *Der Glaube kommt von Gott, die Überzeugung von der Schlange* – »... und werdet sein wie Gott, und wissen, was gut und böse ist« (Genesis 3, 5). »Die Schlange hat die Wahrheit gesagt. Adam und Eva haben dies nachher gewußt, aber dieses Wissen war für sie nicht angenehm. Die Wissenschaft, die wir haben, ist zunächst eine Wissenschaft von Fakten und Gesetzen. Und sie liefert Macht. Dann aber nicht zu wissen, wie man mit Macht umgehen muß, ist tödlich. Die Schlangengeschichte ist von damals lebenden Menschen geschrieben worden, und die haben zurückgeblickt auf das Stückchen Hochkultur, das sie kannten. In Wirklichkeit sind die ersten elf Kapitel des ersten

Buches Mose eine theologische Kritik der Hochkultur.« Carl Friedrich von Weizsäcker, Bewußtseinswandel. München 1988, S. 331 f.

S. 111 »komm in den totgesagten Park« – auf Stefan George sollte man nicht mehr verweisen müssen, man vergleiche daher J. G. J. Ballenstedt, Prediger zu Pabstorf im Herzogtum Braunschweig, Die Urwelt oder Beweis von dem Daseyn und Untergange von mehr als einer Vorwelt. Erste Abtheilung. Archäologische Abhandlungen. 2. vermehrte und verbesserte Auflage. Quedlinburg/Leipzig 1818, S. 192: »Auch darf man nicht glauben, daß das Paradies so, wie es dort beschrieben ist, wirklich vorhanden gewesen sey, oder daß sich einmal *ein großer Park, der Eden geheißen,* wirklich in der Welt befunden habe ...«

S. 113 f. »... da wir nichts haben als das einzige Wort Gott« (Luther) – vergleiche: »*Gott* ist kein Name Gottes, suche also an Gott nichts, was es (an Gott) nicht gibt.«: Die Sprüche des Sextus 28-29. Zitiert nach: Edgar Hennecke, Neutestamentliche Apokryphen. 2. Auflage 1924, S. 630

S. 115 *Ihr habt gehört, gewiß, doch wer seid Ihr?* – »Die Geschichte rechnet nicht mit gutem Willen, überhaupt nicht mit Personen, sondern mit Taten, sie beschränkt die Wirkungen der Tat nicht auf den Täter, sie straft Torheiten und Schwäche härter als Sünde, sie macht keine Handlung ungeschehen und nimmt nicht Rücksicht auf die veränderte Gesinnung des Herzens – kurz die Geschichte in ihrer Wirkung auf den Einzelnen ist Tragödie, und keine Tragödie hat einen befriedigenden Schluß«. Julius Wellhausen, Israelitische und Jüdische Geschichte. Berlin, 4. Auflage 1901, S. 116

S. 116 *Das Wunder ist die Phantasie des alten Glaubens* – »In phantasieloser Prosa kann kein religiöser Inhalt festgelegt werden.« Fritz Medicus, Das Mythologische in der Religion. Eine Philosophische Untersuchung. Erlenbach/Zürich 1944, S. 115

S. 118 *Sehnsucht ist die absolute Nähe* – »Sehnsucht ist Rache an der Wirklichkeit, eine ewige Appellation gegen die Urteilssprüche des Lebens. Sehnsucht und Leben verwerfen sich gegenseitig. Die Sehnsucht ist scheu und verschlossen, sie fürchtet, verspottet zu werden um ihrer Hoffnungsfreudigkeit willen, deren sie sich selbst schämt. Die Sehnsucht trägt immer eine Maske. Verraten werden ist die einzige Furcht, erraten werden ist der unseligen Sehnsucht einziger Preis. Die großen Sehnsüchtigen gleichen dem Pilger, den schöne Städte nicht festhalten und traurige nicht betrüben, da ihm alles verbleicht neben dem Glanze, der zum Wallfahrtsort zieht. Das Leben der Sehnsüchtigen ist eine unentwegte Pilgerfahrt.« Franz Ferdinand Baumgarten, Das Werk Conrad Ferdinand Meyers. Herausgegeben von Hans Schumacher. Zürich 1948, S. 219-221, 224. – Einmal in fünfzig Jahren muß auf dieses Buch, das 1917 in 1. Auflage erschienen ist, hingewiesen werden.

S. 118 »Ich glaube nicht, daß die Seele an sich und ohne weiteres« – Bernhard Duhm in einem Dankbrief zu seinem 70. Geburtstag an Eduard Thurneysen. Basel, 14.10.1917; vergleiche: Rudolf Smend, Deutsche Alttestamentler in drei Jahrhunderten. Göttingen 1989, S. 127

S. 119 *Eine gewaltige Sehnsucht nach Jesus habe ihn gepackt* – »Der Sehnsucht genügt schon, wenn ihre Zumutungen nicht abgewehrt werden.« Franz Ferdinand Baumgarten, Das Werk Conrad Ferdinand Meyers. Herausgegeben von Hans Schumacher. Zürich 1948, S. 222

S. 120 »Übersetzungen sind Eselsbrücken.« – Fritz Mauthner, Beiträge zu einer Kritik der Sprache, 1. Band: Sprache und Psychologie. Stuttgart 1901, S. 99; vergleiche: »Nur unter den Deutschen ist das Schlagwort möglich, daß der Gehalt über die Form gehe«, Hugo von Hofmannsthal, *Schöne Sprache*. In: Gesammelte Werke in Einzelausgaben, Prosa IV. Frankfurt a.M. 1955, S. 50; vergleiche: »Noch in das Gebiet der persönlichen Ausdrucks gehört der Stil ... Ich weiß nicht, ob man mir zugibt, daß die deutsche Sprache seit dem alten Goethe, Ranke und den Humboldts von einem Höhepunkt immer mehr absinkt. Nietzsche hat trotz seiner Meisterschaft des Effektes nicht gut gewirkt. Es kommt dahin, daß ein bedeutender Denker wie Scheler oder ein vorbildlicher Mediziner wie Krehl einen geradezu schlechten Stil schreiben. Die *gute Sprache* ist gar kein Anliegen mehr, und das Ende der klassischen Art ist gekommen. Freud machte hier die Ausnahme. Seine Sprache ist von künstlerischen Prinzipien geleitet. Solche sind: strenge Beschränkung auf wesentliche Worte; eine gewisse ätherische Leichtigkeit, ja Anmut, welche die damals schon beginnenden Verstärkungsworte und Superlative verschmäht; die Innehaltung der unseren Kultursprachen einwohnenden Logizität; Meiden der Metapher, überhaupt des Aromas; ein Gleichgewicht zwischen wissenschaftlicher Objektivität und menschlicher Subjektivität; das Ich des Autors durchschlägt immer noch die Sachlichkeit der Darstellung.« Viktor von

Weizsäcker, Natur und Geist. Kindler Taschenbücher 2004. München 1964, S. 119 f.

S. 120 »Die Übersetzung ist grundfalsch« – Walter F. Otto, Die Wirklichkeit der Götter. Von der Zerstörbarkeit griechischer Weltsicht. Reinbeck bei Hamburg 1963, S. 94

S. 121 »Die Juden sagen: ›Die Christen haben keine ...‹« – Der Koran. Das heilige Buch des Islam, nach der Übertragung von Ludwig Ullmann neu bearbeitet und erläutert von Leo Winter. München: Wilhelm Goldmann 1960, S. 32

S. 122 »Ich warte auf niemand, niemand kündet sich an« – Annette Kolb, Spitzbögen. Berlin 1925, S. 101

S. 123 *Bibliographisch-seraphisch* – zuerst abgedruckt und René Dausner gewidmet. In: Lichtenberg-Jahrbuch 2006, S. 30

S. 123 »in der Hofsprache des Himmels, ich meine die hebräische« – Lichtenberg an Jacobi, 6.2.1793. In: Georg Christoph Lichtenberg Briefwechsel, Bd. IV: 1793-1799. Unter Mitwirkung von Julia Hoffmann. Herausgegeben von Ulrich Joost und Albrecht Schöne. München 1992, S. 40; vergleiche: »Ich war höchst überrascht, als ich mich einer so einfachen Sprache gegenüber befand, die ohne Konstruktion, fast ohne Syntax, *der nackte Ausdruck der reinen Idee ist*, eine wahrhafte Kindersprache.« Ernest Renan, Jugenderinnerungen. Deutsch von Hannah Szass. Mit einer Einleitung von Stefan Zweig. Frankfurt a. M 1925, S. 249

S. 124 »Wasserläufe, das letzte, was erlischt« – Carl J. Burckhardt, Erinnerungen an Hofmannsthal. In: Corona. Jahr X, Heft 5, 1942, S. 640

S. 124 sprach Else Gottlieb, meine Mutter – »Das Kind bedarf keines Gestirns und keines Planeten; seine Mutter ist sein Planet und sein Stern«, Philippus Aureolus Paracelsus Theophrastus Bombastus von Hohenheim. Zitiert nach: Friedruch Gundolf, Paracelsus. Berlin, 2. Auflage 1928 S. 9

S. 127 Um einige Ecken herum – zuerst im Lichtenberg-Jahrbuch 2006, Michael Bongardt gewidmet, gekürzte und veränderte Fassung

S. 129 »Im Anfang war das Wort« – Sahadutha; vergleiche: Elazar Benyoëtz, Das Mehr gespalten. Einsprüche und Einsätze. Jena 2007, S. 182

S. 129 »Dann kam die Epoche der brutalen Vollständigkeit« – Oscar Bie, Kunstliteratur. In: Die Neue Rundschau 1924, S. 395. – »Bie ist neben Kerr der einzige deutsche Kritiker, der eine dichterische Sprache schreibt, voll Heiterkeit Erkenntnisse formuliert, die nicht der Abstraktion, sondern blühender Körperlichkeit entstammen, frei von Lyrismus.« Rudolf Kayser, ebenda; »wissend um alle Träume, Triebe und Lüste jeder Kunst, wissend über die Anschauung hinaus mit dem zweiten Gesicht der Nerven«, Oskar Loerke in seiner Rede zum 70. Geburtstag, 1934

S. 129 »Er liebte es, die Ordnung der Worte zu brutalisieren« – Paul Valéry, Erinnerungen an Huysmans. Übersetzt von Rudolf Kayser. In: Neue Deutsche Rundschau 1926, S. 221

S. 129f. »Ein Philosoph muß von sich selbst reden« – Karl Joel, Ursprung der Naturphilosophie aus dem Geist der Mystik. Jena 1926, S. 129

S. 131 »Bald konnte er [Plato] archaisch lapidar schreiben« – Ferdinand Lion, Die Sprache der Philosophen. In: Geist und Politik in Europa. Verstreute Schriften aus den Jahren 1915-1961. Herausgegeben von Fritz Martini und Peter de Mendelssohn, mit einem Geleitwort von Golo Mann. Heidelberg 1980, S. 307

S. 131 *Greislauf* – Mit Siebzig war Terach (bei Luther noch Tharah) soweit, Abraham zu zeugen; mit siebzig war man damals frisch und stand in voller Blüte. In den *Sprüchen der Väter*, die nicht mehr die Jahre zählen, wie die Psalmen, und nicht mehr nach Zeiten rechnen wie Kohelet, sondern nach dem je in seinem Sinn abgeschlossenen Lebensalter, heißt es schon, man sei mit 70 ein Greis. Aus diesem Leitwort folgen nun zwei mir teure Schweizer Erinnerungen: An Conrad Ferdinand Meyer, mit dessen übermütiger Schwermut, eine Mischung aus zehrender Qual und ausdauerndem Stolz, ich durch meine Jugend ging; seine Prosa erweckte mein Ohr; sein Wort, das ich als Motto über die »Weggaben« setzte (1986), ist die erste Erinnerung daran gewesen. Die hier folgenden Zeilen, beginnend mit »Unter der kahl und hoch gewordenen Stirn«, sind aus Meyers Novelle »Angela Borgia« zusammengefügt. Carl J. Burckhardt war wie ich mit Annette Kolb befreundet. So erwachen zum 70. Geburtstag die wegbereitenden Namen aufs Deutschlichste, wenn auch schweizerisch gedämpft. Alles Patrizier, und mir doch nur Namen wie Alpenhütten.

S. 132 »Der Greis hat keine Wünsche« – Carl J. Burckhardt, Briefe aus den letzten Jahren. München 1976, S. 66; vergleiche: »Im Altertum galt die Sieben als heilige Zahl. Sieben griechische Weise galten als Gemeinbesitz der gebildeten antiken Welt. Die Weisheit der Sieben verdichtete sich in ›*Urgreisworte*‹, die knapp, tief und sicher praktische Lebensregeln weiterreichten.« Heinrich G. Reichert, Urban und Human, Gedanken über lateinische Sprichwörter. Hamburg, 2. Auflage 1956, S. 268 f.

S. 133 »Jesus spricht von einem Boot aus« – Dmitri Mereschkowski, Auf dem Wege nach Emmaus. Essays. Ausgewählt und übertragen von Alexander Eliasberg. München 1919, S. 248

S. 135 *Auch Kürze kann hinlänglich sein* – »Wie man auf den Stil Montesquieus in seinem Hauptwerk Kants Wort anwenden kann, daß »er viel kürzer sein würde, wenn er nicht so kurz wäre«, so kann man auch von der Komposition des »Geistes der Gesetze« sagen: »Manches Buch wäre viel deutlicher geworden, wenn es nicht so gar deutlich hätte werden sollen.« Karl Hillebrand, Völker und Menschen. Volksausgabe. Auswahl von M. G. Gerhard. Straßburg 1914, S. 281

S. 136 »Mit dem Eintreten des einzelnen großen Dichters« – Hermann Gunkel, Einleitung in die Psalmen. Göttingen 1933, S. 28

S. 136 *Aphorismen finden nur als Nebenzweig, Fallobst oder Zittergras gelinde Aufmerksamkeit* – in Erinnerung an die »Gedankensplitter«, die ich nicht mag: »Die Kenntnis oder Kunst liegt unterm Splitter; die Sache ist nur, die Splitter aufzuheben. Den Splitter aber aufzuheben ist nur wenigen in der Welt verliehen. Wenn Erfahren weiter nichts hieße, als viele Begebenheiten oder Thatsachen gesehen und erlebt zu haben: so würde von dummen Menschen Niemand auf der Welt übrig geblieben seyn als die Kinder. Wir sehen aber, daß die meisten betagten Greise bis an ihr Ende nicht aufhören, durch Schaden überrascht zu werden und sich in unvermuthete Vorfälle nicht finden können, trotz hunderterley ähnlicher Fälle, die ihnen schon vorgekommen sind. – Das Beobachten und Erwägen dessen, was man sieht und hört, hängt von besonderen Gaben ab, die Wenigen gewährt sind und durch Buchkenntnisse nicht ersetzt werden. Von dieser Seite betrachtet sind wohlverstandene und erprobte kurze Lehren, Gemeinsprüche, Sentenzen und Spruchwörter als die Quintessenz der menschlichen Erkenntnis anzusehen, und die Baarschaft der Vernunft ganzer Völker muß nur allein in solchen Erfahrungslehren gesucht werden.« Heinrich Friedrich von Diez, Betrachtungen über das Buch des Kubus. In: Buch des Kubus oder Lehren des persischen Königs Kjekjawujs für seinen Sohn Ghilan Schach. Ein Werk für alle Zeitalter aus dem Türkisch-Persisch-Arabischen übersetzt und durch Abhandlungen und Anmerkungen erläutert. Berlin 1811, S. 253-255

S. 139 »Aufstand der Worte, der gefährlicher ist als alles« – S. Kierkegaard, Tagebücher. Ausgewählt und übersetzt von Elisabeth Feuersenger. Wiesbaden 1949, S. 162

S. 139 »Man kann die Poesie nicht gering genug schätzen« – Novalis, Paralipomena zum »Heinrich von Ofterdingen«. In: Schriften 1. Herausgegeben von Paul Kluckhohn und Richard Samuel. Stuttgart 1960, S. 335

S. 139 »Ein Titel kann eindeutig und vieldeutig sein« – Emanuel von Bodman, Vermischte Schriften. Die gesamten Werke 10. Im Auftrag von Clara von Bodman. Herausgegeben von Karl Preisendanz. Stuttgart 1960, S. 122

S. 140 *Einfälle gehen ohne Rechnung auf* – »Der Gang vom Gedanken aufs Wort ist schwerer als der Gang vom Wort auf den Gedanken. Man kann behaupten, daß die guten Einfälle, welche die glücklichsten Gedanken jedes Menschen sind, der die Gabe dazu besitzt, durch treffende und körnige Worte hervorspringen, ehe man den Sinn derselben ganz überdachte, so daß sie früher im Ausdruck erscheinen, als im Gedanken. Das kommt daher, daß man sich Sachkenntnisse, in Worten gediegen, zur Fertigkeit gemacht, um gleichsam, wie das Gefühl, immer rege zu seyn und oft wider unser Wissen und Willen durch unwillkürliche Ausdrücke auszubrechen. Die Spartaner haben in diesem Stücke alle Völker übertroffen, welche es jemals gegeben, indem sie immer in den wenigsten und paßlichsten Worten die meisten und treffendsten Gedanken darzulegen wußten. Man weiß auch, daß ihre Kinder in dieser Art zu reden geübt wurden. Ohne eigentliche Wissenschaften zu treiben, sind sie deshalb doch die Leute gewesen, welche unter allen Menschen am richtigsten gedacht haben.« Buch des Kubus oder Lehren des persischen Königs Kjekjawujs für seinen Sohn Ghilan Schach. Ein Werk für alle Zeitalter aus dem Türkisch-Persisch-Arabischen übersetzt und durch Abhandlungen und Anmerkungen erläutert von Heinrich Friedrich von Diez. Berlin 1811, Betrachtungen, S. 236

S. 140 »über wichtige Gegenstände« – E. A. Poe. Zitiert nach: Karl Hans Strobl, Worte Poes. Mit einer Bibliographie von Moriz Groling, Bibliothekar des k.k. Patentamtes in Wien, und einem Bildnis Poes.

Minden i. Westfalen o. J., S. 94. Auf S. 54 wichtiger Hinweis zur Übersetzungsgeschichte

S. 140 »Es ist unmöglich, sich präzise auszudrücken« – Paul Valéry. Zitiert nach: André Maurois, Von Proust bis Camus. Aus dem Französischen übertragen von Günther Birkenfeld und Margot Berthold. München/Zürich 1964, S. 57

S. 140 »Apollon, nicht Dionysos, begeistert den Seher« – Ulrich von Wilamowitz-Möllendorff, Erinnerungen 1848-1914, 2. ergänzte Auflage, Leipzig o. J. [1928/29] S. 129

S. 140 »Die Kunst wirkt eben noch im Exzerpt, in der Kontur« – Jacob Burckhardt, Weltgeschichtliche Betrachtungen. Herausgegeben von Jakob Oeri. Berlin/Stuttgart 1905, S. 60

S. 140 »Aber Apoll, der nicht verschweigt und nicht sagt« – Friedrich Schlegel, Fragmente. Herausgegeben von Friedrich von der Leyen. Jena/Leipzig 1904, S. 64

S. 141 Sprüche der Väter – Pirke Aboth, zum Schulgebrauch und Selbstunterricht übersetzt und erklärt von Dr. H. Bamberger, Distriktsrabbiner in Bad Kissingen. Frankfurt a. M., 2. Auflage 1914, S. 26-30; – »... An dieser Stelle sich auf Phrasendrescherei und Lobhudelei auf die jüdische Ethik einzulassen, wäre nichts weiter als eine Vergewaltigung des Papiers; auf eine Thatsache will ich jedoch hinweisen. Von judenfeindlicher Seite wird oft behauptet, die talmudische Ethik sei für den talmudgläubigen Juden bindend nur Juden gegenüber, nicht aber gegen Andersgläubige. Daß dies nicht wahr ist, bezeugt der vorliegende Traktat: er spricht stets von ›Menschen‹, nicht aber von ›Juden‹, während der ganze übrige Teil des Talmuds, der das jüdische Zeremoniell und das jüdische Recht behandelt, nur den Ausdruck ›Jude‹ oder ›Israelit‹ kennt«. Lazarus Goldschmidt im Vorwort zu seiner Ausgabe der Sprüche der Väter. Berlin 1904

S. 141 *Alles was zählt und später wiegen soll, hat seine Deckung im Namen* – »Wisse, mein Sohn! Wenn du einen Sohn bekommst: so mußt du ihm vor allen Dingen einen guten Namen beylegen; denn unter allen Pflichten, die dem Vater gegen seinen Sohn obliegen, ist die erste diese, daß er seinem Sohn einen guten lobenswerthen Namen anweise.« Buch des Kubus oder Lehren des persischen Königs Kjekjawus für seinen Sohn Ghilan Schach. Ein Werk für alle Zeitalter aus dem Türkisch-Persisch-Arabischen übersetzt und durch Abhandlungen und Anmerkungen erläutert von Heinrich Friedrich von Diez. Berlin 1811,

S. 577 – Mit seinen »Denkwürdigkeiten von Asien in Künsten und Wissenschaften, Sitten, Gebräuchen und Alterthümern, Religion und Regierungsverfassung, aus Handschriften und eigenen Erfahrungen gesammelt« 1811, schuf Diez einen orientalisch-preußischen Stil, gegen den Goethes »Noten und Betrachtungen« reine Systematik sind. Diesen Stil, in seinem herrischen Durcheinander, hätte ich gern weitergeführt. Doch würde ihn mir, Ende der sechziger Jahren, niemand abgenommen haben. In Erinnerung an dieses Versäumnis, habe ich Diez so oft wie möglich hier, in meinen Anmerkungen zitiert. Daß alle Zitate aus dem Buch des Kubus stammen, liegt am »Aphorismus«, zu dessen Theorie er in diesem Buch das meiste beigetragen hat.

S. 145 *Die Stimme des Alters* – Die Schriften Senecas lernte ich zuerst in der Übersetzung von Aaron Kaminka kennen. In seiner Übersetzung hat er einen goldenen »Stil von altersher« geschaffen, der glaubwürdig in der Zeit – und zu jedem Vergleich mit hebräischen Klassikern offen und bereit stand. Seine Ausgaben hatten ferner den Vorzug, daß sie in den Anmerkungen auf hebräische Parallelstellen verwiesen und interessante Beiträge im Anhang anboten, z. B. »Darf man den Zitaten Augustins vertrauen?« oder: »Die Ethik Senecas im Vergleich zur jüdischen Ethik«; – »›Man wird uns nächstens sagen‹, ruft Seneca aus, ›daß der erste Schumacher ein Philosoph gewesen sei.‹ Was uns betrifft, so würden wir uns, wenn wir zwischen dem ersten Schumacher und dem Verfasser der drei Bücher über den Zorn wählen müßten, für den Schumacher erklären. Es mag schlimmer sein, zornig zu sein als naß zu sein. Aber Schuhe haben Millionen gegen Nässe geschützt und wir zweifeln, ob Seneca jemals irgendjemand vom Zornigsein abgehalten hat. Seneca bemüht sich, den Demokritus gegen die schimpfliche Nachrede zu schützen, daß er das erste Gewölbe gemacht habe, und den Anacharsis von der Beschuldigung zu reinigen, daß er der Erfinder der Töpferscheibe sei. Er sieht sich genötigt, zuzugeben, daß so etwas vorkommen kann; ebenso mag es vorkommen, sagt er, daß ein Philosoph schnellfüßig ist. Aber es liegt nicht in seinem Charakter als Philosophen, bei einem Wettlaufe zu gewinnen oder eine Maschine zu erfinden. Das Geschäft eines Philosophen war offenbar: mit erwucherten zwei Millionen Pfund das Lob der Armut zu singen, in Gärten, die den Neid von Fürsten erweckten, epigrammatische Einfälle über die Übel des Luxus zu ersinnen, von Freiheit zu schwärmen, während man vor dem anmaßenden und vollgestopften Freigelassenen eines Tyrannen kroch, die göttliche Schönheit der Tugend mit derselben Feder zu feiern, die eben zuvor eine Verteidigung des Muttermords geschrieben hatte. Der Geist, der sich in jenem Ausspruch des Seneca zeigt, erfüllte den ganzen Kreis der alten Philosophie von Sokrates abwärts und nahm von Geistern Besitz, mit denen Seneca nicht einen Augenblick verglichen werden kann. Er durchdringt die Dialoge des Plato. Er kann an vielen Stellen bei Aristoteles verfolgt werden. Unser großer Landsmann [Bacon] sah offenbar die große Revolution, die Sokrates in der Philosophie bewirkt hatte, nicht für ein glückliches Ereignis an und behauptet fortwährend, daß die früheren griechischen Denker, besonders Demokritus, im ganzen genommen ihren gefeierteren Nachfolgern überlegen gewesen seien.« Lord Macaulay, Essays. Herausgegeben von Egon Friedell, Wien/Leipzig/München 1924, S. 78 f. – Ich teilte auch Malebranches Kritik im vierten Hauptteil seiner »Erforschung der Wahrheit«. Herausgegeben von Artur Buchenau, 1. Band, Buch 1 bis 3. München 1914, S. 288-298, nicht aber die darauf folgende Kritik Montaignes, obwohl sie einiges für sich hat und mich in jedem Fall auch freute (S. 299-308).

S. 145 *unter Geistern, die es verstehen, unauffällig kunstreiche Selbstgespräche zu führen* – »Montaigne brauchte keine Dialoge zu schreiben, um die verschiedenen Seiten einer Frage darzulegen. Er genügte hierfür allein; so vielseitig, mannigfaltig und fruchtbar an persönlichen Einwendungen war er in sich selbst. Aber ich kann nicht, wie er, zugleich einer für mehrere sein und brauche deshalb Eure widersprechenden Einwendungen.« Anatole France, Unter der Rosenlaube. Die letzten Ideen und Entwürfe des Weltweisen. Aus seinem Nachlaß veröffentlicht von Michel Corday. Deutsch herausgegeben und mit Anmerkungen versehen von Rudolf Berger. Berlin o. J., S. 12 f.

S. 146 »Die hebräische Sprache war wenig geeignet, Feinheiten« – Theodor Nöldecke, Die Alttestamentliche Literatur. Leipzig 1868, S. 174 f.; vergleiche: »Und hier, am Höhepunkt seiner Enttäuschungstheorie angelangt, beginnt der Autor mit einem der originellsten Kunstgriffe, die man in der Literatur finden kann, jene mit Rätseln und Anspielungen erfüllte Beschreibung des Alters, die uns gleich den Kraftstücken eines mit toten Köpfchen jonglierenden Presti[di]gitators entzückt und blendet [...] Es gibt wenige Dinge, die er nicht durchblickt hätte. Es bleibt ja zweifellos ein Glück, daß wir neben ihm Zenon und Epiktet besitzen, doch kein Grieche hat jemals die Seltsamkeit unseres Schicksals besser begriffen als dieser Jude.« Ernest Renan, Geschichte des Volkes Israel. Übersetzt von E. Schaelsky, V. Band. Berlin 1894, S. 160f. – An dieser Stelle fällt mir eine Strophe Rudolf Borchardts ein:

»Laß die Waffen, letzter Held,
Aus den letzten Händen:
Die Geschicke dieser Welt
Sind nicht mehr zu wenden.«

»Diese vier Zeilen«, sagte Werner Kraft, »sind ein großes Gedicht.«

S. 148 »Die Seele wird vom Weisen« – Die Sprüche des Sextus, Vers 24. In: Edgar Hennecke, Neutestamentliche Apokryphen. Tübingen, 2. Auflage 1924, S. 630

S. 148 »Die Wissenschaft hat gesprochen« – Edmund Husserl, Philosophie als strenge Wissenschaft. In: Logos, Internationale Zeitschrift für Philosophie und Kultur, Tübingen, Bd. 1, 1910/11, S. 334 – vergleiche: »Weisheit wird auf einer viel tieferen Ebene als die logischer Aussagen weitergegeben und mitgeteilt; jede Sprache ist hierfür inadäquat, aber vielleicht ist die Sprache der Dichtung noch am ehesten imstande, Weisheit mitzuteilen.« T. S. Eliot. In: Was ist ein Klassiker? / Dante/Goethe der Weise. Deutsch von Ursula Clemen. Frankfurt a. M., S. 156

S. 149 »Pädagogisch hat F. auf mich gewirkt« – Carl J. Burckhardt an Michael Stettler. In: C. J. Burckhardt, Briefe aus den letzten Jahren. München 1977, S. 53

S. 150 »Wahrhaftig, bei diesem alten Manne« – Georges Clemenceau, Jüdische Gestalten. Übersetzt von Schiller Marmorek. Wien/Leipzig, 3. Auflage 1924, S. 79-103

S. 151 »Er versteht zu lernen, soll bei Talmudschülern eine Art von Lob sein.« – Hugo von Hofmannsthal. Zitiert nach: Werner Kraft, »Kleinigkeiten«. Bonn 1985, S. 9

S. 153 *Denken heißt, in die Vergeblichkeit hinein* – »Nämlich im Menschen seind Sonn und Mond, und alle Planeten, dergleichen seind auch in ihm alle Stern, und der ganze Chaos: *Von den Dingen lüstet mich weiter zu schreiben.*« Theophrast von Hohenheim genannt Paracelsus, Schriften. Ausgewählt und herausgegeben von Hans Kayser. Leipzig 1921, S. 350; »... Vor dem Schlafengehen meist ein Stück Thomas von Aquino. Jetzt. Über den Logos. ›Das Wort‹! O die ahnungslosen, die von scholastischem Tiefsinn nichts wissen; und o Wunder, wie weit doch der Geist erlesener Menschen dringen konnte. *Schade um die Vergeblichkeit.*« Oskar Loerke, 21.12.1933, siehe: Tagebücher 1903-1939. Herausgegeben von Hermann Kasack. Heidelberg 1955, S. 323f.

S. 153 »... ein Buch zum Beispiel, dessen Einheit sich in Paradoxa herstellen ließe« – vergleiche: »Die Paradoxe und die Absurditäten der Philosophie sind die Zeichen ihres aristokratischen Mutes und Hochmutes, der unter Verachtung der Communis opinio notwendige Folgen zieht.« Viktor von Weizsäcker, Am Anfang schuf Gott Himmel und Erde. Grundfragen der Naturphilosophie. Göttingen 1954, S. 26

S. 154 *Im wahren Namen liegt die Erträglichkeit der Daseinslast* – »Als Gott den Gedanken hegte, einen Menschen zu schaffen, überlegte er sich das so laut und ausgedehnt, daß die Dienstengel es vernähmen: ›Wollen wir einen Menschen machen?‹ ›Was ist der Mensch‹, fragten die Engel, ›was liegt an ihm?‹ ›Seine Weisheit‹, sagte Er, ›überfliegt eure Weisheit, auch ist er klüger als ihr‹. Nun führte er ihnen zum Beweis allerlei Tiere vor: ›Was ist denn dies, wie sollte jenes heißen?‹ Sie wußten das nicht; voll Weisheit, wie sie waren, fiel ihnen zu keinem Tier ein Name ein; sie waren nicht fähig, Wort und Tier aufeinander zu beziehen, zu verweisen. Nun führte Er dieselben Tiere Adam vor, und dieser warf einen einzigen Blick auf sie, und sagte unumwunden: ›dieses hier heißt Ochs, und jene dort Pferd, Esel und Kamel‹; die Namen kamen wie geritten aus seinem Mund heraus – ›und Du‹, unterbrach ihn Gott, ›wie heißt denn Du?‹ ›Auf mich‹, sprach Adam, ›würde Adam passen, Adam Irdisch, bin ich doch aus Adama gemacht, der Erde ergeben, aus Lehm.‹ ›Und ich, Adam‹, fragte ER, ›wie soll ich heißen?‹ ›Adonaj mußt Du heißen‹, sagte Adam Irdisch, ›bist Du doch Adon, ein Herr über alle von Dir Geschaffenen, auch über alle Taten. (Jesaja 42,8) »Ich, der Herr, das ist mein Name«: »mein Name – den Adam mir gegeben hat.« Nach Midrasch bereschit rabba 17

S. 155 *Im Einklang ist eine Sache, in Übereinstimmung eine andere* – vergleiche: »Es ist bezeichnend, daß im Griechischen der Ausdruck für Wort, Onoma, zugleich ›Name‹ und im besonderen Eigenname, d. h. Rufname, meint. Das Wort wird zunächst vom Namen her verstanden. Der Name aber ist, was er ist, dadurch daß einer so heißt und auf ihn hört. Er gehört seinem Träger. Die Richtigkeit des Namens findet ihre Bestätigung darin, daß einer auf ihn hört. Er scheint also dem Sein selbst anhörig. Nun hat die griechische Philosophie geradezu mit der Erkenntnis eingesetzt, daß das Wort nur Name ist, d. h. daß es nicht das wahre Sein vertritt. Das ist eben der Einbruch des philosophischen Fragens in die zunächst unbestrittene Voreingenommenheit durch den Namen. Der Name, den man gibt, den man verändern kann, motiviert den Zweifel an der Wahrheit des Wortes«. Hans-Georg Gadamer, Wahrheit und Methode. Grundzüge einer philosophischen Hermeneutik. Tübingen 1960, S. 383

S. 156 »Es ist immer ein rhetorischer Fehler« – Marcus von Blankenstein. In: Gespräche mit Rathenau. Herausgegeben von Ernst Schulin. München 1989, S. 345

S. 156 »Diese war nun die erste sonderbare romanhafte Reise« – Karl Philipp Moritz, Anton Reiser. Stuttgart 1972, S. 331

S. 156 *Namen – der tiefste Einblick, der weiteste Aufschluß* – »Montanus: Und verstehen Sie auch, daß letztlich ein einziges Wort genügen müßte, um ihr Wesen also im Geist fixierend zu offenbaren? // Psilander: Ein einziges Wort? // Montanus: Der »Name«, in den sie eingesiegelt ist, der Logos ihres Seins.« Hedwig Conrad-Martius, Metaphysische Gespräche. Halle 1921, S. 179 – »Der jüngere Nicolai, der Verleger, wünschte nichts sehnlicher als das Erscheinen der Märchen zu beschleunigen. Ungeduldig hatte er die Anfrage wiederholt, was er unter der Feder habe. Um den Dränger zufriedenzustellen, hatte Tieck einmal auf gut Glück geantwortet: Der blonde Eckbert! Es war ein Name, der ihm in den Mund gekommen war. Später fiel ihm die Leichtfertigkeit auf die Seele, mit welcher er eine Dichtung angekündigt hatte, für die er bis jetzt weder Fabel noch Idee habe. Er setzte sich zum Schreiben nieder. Da fand sich zu dem Namen ein Mann.« Röpke über die Entstehung des Blonden Eckbert. In: Ludwig Tieck. Herausgegeben von Hermann Kasack und Alfred Mohrhenn. Berlin 1943, I. Band, S. 140 f.

S. 156 »Die Spekulation verirrt sich niemals« – J. F. Herbart, Kleinere philosophische Schriften und Abhandlungen. Nebst des wissenschaftlichen Nachlasses. Herausgegeben von Gustav Hartenstein. Leipzig 1842, 1. Band, S. 135

S. 159 »Ich kann nur hinweisen« – Paul Valéry an Pauline de Rin [1895], siehe: Paul Valéry, Briefe. Übertragen von Wolfgang A. Peters. Wiesbaden 1954, S. 42

S. 161 John Keats an Charles Cowden Clarke, 9. 10. 1816. In: Gedichte und Briefe. Aus dem Englischen übertragen und herausgegeben von H. W. Haeussermann, Zürich 1950, S. 245

S. 161 »Nie rief wohlorganisierte Reclame Ihren Namen aus.« – Sophie Hochstätter, Über Ricarda Huch. In: Deutsche Zukunft, Jg. 2, 1934, H. 28, S. 7

S. 161 »Wer ein Wort im Namen dessen mitteilt« und das folgende »Wer von seinem Nächsten einen Abschnitt ... lernt« (S. 163) – beide Stellen zitiert nach: שיחת יצחק Jsrael. Gebetbuch für alle Wochen-, Feier- und Festtage des Jahres nebst den Sprüchen der Väter, sowie Jomkippur Katan. In's Deutsche übertragen und erläutert von Dr. Saul Isaak Kaempf, k. k. Regierungsrath, Prediger und Rabbiner der Tempelgemeinde, k. k. Universitäts-Professor in Prag, beeideter Translator in Hebraicis et Rabbinicis, ordentliches Mitglied der deutschmorgenländischen Gesellschaft in Leipzig-Halle etc., 7. verbesserte Auflage. Prag 1903, S. 292, 296

S. 162 »Ich kann nicht denken, daß die ›Natur‹ vor Rousseau« – Paul Valéry, übersetzt von Wolfgang Kayser. In: Neue deutsche Rundschau 1926, S. 667

S. 162 »Bei den Menschen ist das, was er erschafft » – Nikolai Berdjajew. Zitiert nach: Dorothy Sayers, Homo creator. Eine trinitarische Exegese des künstlerischen Schaffens. Aus dem Englischen von Dr. Lore Zimmermann. Düsseldorf 1953, S. 11

S. 162 »Dazu kommt, daß bei Weisheitslehren der Name des Verfassers« – Hermann Schneider, Kultur und Denken der alten Ägypter. Leipzig, 3. Auflage 1924, S. 140

S. 162 »Wo der Name eines Malers« – Cesare Pavese, Stilelemente. Ein Vorwort zur italienischen Ausgabe von: Gertrud Stein, Autobiographie von Alice B. Toklas, der deutschen – aus dem Amerikanischen von Elisabeth Schnack übersetzt – angeheftet. Faksimile-Nachdruck der deutschsprachigen Erstausgabe von 1956 im Origo-Verlag, Zürich: Arche 1985

S. 163 »Da ich einmal davon rede« – Leopold Ranke, Erwiderung auf Heinrich Leo's Angriff. In: Zur eigenen Lebensgeschichte. Herausgegeben von Alfred Dove. Leipzig 1890, S. 661

S. 164 »Betrachte die Anmerkungen nicht als Katakomben« – Adolf von Harnack, Zehn Gebote für Schriftsteller, die mit Anmerkungen umgehen. In: Aus Wissenschaft und Leben. 1. Band. Gießen 1911, S. 162. Die Zehn Gebote stehen am Ende seines Vortrags *Über Anmer-*

kungen in Büchern (1906) – ein Text zur Naturgeschichte des »modernen Buches« oder vielmehr zur Geburt der modernen Literatur aus der Anmerkung, kurz ein übergangener Text zur Literaturtheorie. Er leitet seinen Vortrag mit den Worten ein »Ich kenne niemanden, der über dieses Thema geschrieben hat!« Die 15 Textseiten habe ich für mich zusammengefaßt und gebe sie als Quintessenz wieder, als Zitat weiter: »Die antike Gelehrsamkeit hat das Scholien des Korrektors, des Interpreten und des Editors erfunden, die Spätrenaissance aber den Autor angewiesen, sein eigener Scholiast zu sein. Der antike Gelehrte berichtet und erzählt, der moderne berichtet und beweist. Aber das Leben selbst und unsere Anschauung ist flächenhaft und räumlich; ein Schlag regt gleichzeitig hundert Gedanken, und sie verlangen, nebeneinander zu Gehör gebracht zu werden, und eine Tatsache hat gleichzeitig und nicht nur nacheinander die verschiedensten Folgen. Die Anmerkung kann wirklich eine zweite Dimension schaffen. Sie gestattet, gleichzeitig mit der Folgeerscheinung oder dem Gedanken B auch die Folgeerscheinung und den Gedanken C zum Ausdruck zu bringen. Vielleicht wird einmal der Übermensch Bücher wie Partituren schreiben und lesen können, und so imstande sein, viele Gedanken und Tatsachen-Folgen auf einmal und in ihrem Zusammenhang zu sehen – das wäre das Ideal.«

S. 164 »Die Citate habe ich wörtlich angeführt« – L[evi] Herzfeld, קהלת [Kohelet], übersetzt und erläutert. Braunschweig im Verlag bei Eduard Leibrock 1883, Gedruckt in der Akademischen Buchdruckerei zu Berlin, Vorrede S. VII

Als Abschiedsgeschenk an mich, in Erinnerung an den deutschen Dichter Edwin Bormann (1851-1912), entnommen der von Julius Berstl herausgegebenen Anthologie: Lachende Lieder seit anno 1800. Leipzig o. J., S. 255:

DER ALTE MARABU

Im Schneegebirge Hindukuh
da sitzt ein alter Marabu
auf einem Fels von Nagelfluh
und drückt das rechte Auge zu.

Weshalb wohl, fragst du, Leser, nu,
weshalb wohl sitzt der Marabu
im Schneegebirge Hindukuh
auf einem Fels von Nagelfluh
und drückt das rechte Auge zu?

Hab' Dank, o lieber Leser du,
für dein Int'ress' am Marabu!
Allein weshalb im Hindukuh
er drückt das rechte Auge zu
auf einem Fels von Nagelfluh –
weiß ich so wenig als wie du!